ELL®

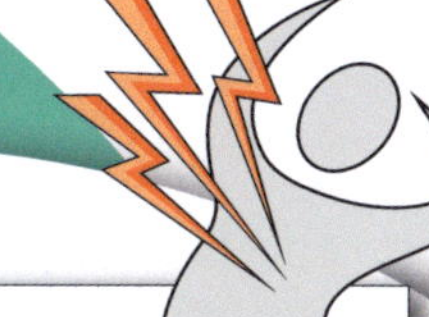

URWUNDE
„Ich halte mich für …"

RATEGIE
…"

TRIGGER
REAKTION
„Ich wehre mich, indem ich …"

ÜBERLEBEN

ONE

BELOHNUNG
„Ich brauche …"

Für alle, die es nicht lassen können,
nach dem Sinn des Lebens zu suchen.

Jürgen Dluzniewski

Das Essenz-Modell®

Die eigene Urwunde erkennen und die wahre Lebensaufgabe entdecken

Bibliografische Information der Deutschen Nationalbibliothek:
Die Deutsche Nationalbibliothek verzeichnet diese Publikation in der Deutschen Nationalbibliografie; detaillierte bibliografische Daten sind im Internet über dnb.dnb.de abrufbar.

Inhaltliche Mitwirkung, Umschlag, Illustration: Markus Haaga
Originaldarstellung Essenz-Modell: Ania Prillwitz

Verlag: Essence Media Publishing, Berlin
Herstellung: BoD - Books on Demand, Norderstedt

ISBN Paperback 978-3-948735-00-5
ISBN Audiobook 978-3-948735-03-6
ISBN e-Book 978-3-948735-02-9

Printed in Germany

INHALT

Das Essenz-Modell®

VORWORT

Es ist an der Zeit, uns unserer Essenz bewusst zu werden

Wer bist du? Hast du dich das schon mal ganz ehrlich gefragt? Darum geht es in diesem Buch. Es ist daher ein Buch über dich und ich lade dich hiermit herzlich ein, mit mir zusammen auf eine Reise zu gehen: eine Reise zu dir selbst. Es ist eine Forschungsreise durch deine Seelenlandschaft, hinein in dein alltägliches, gewohntes Ich-Gebäude und dann weit darüber hinaus in ein Reich, dass du so wahrscheinlich noch nie zuvor erkundet hast. Insofern ist es auch eine Abenteuerreise! Und ich verspreche dir, dass wir auf unserem Weg ungeahnte Schätze entdecken und bergen werden.

Ich bin also dein Reiseführer und kann von mir behaupten, schon über eintausend Menschen persönlich auf ihrer Erkenntnisreise begleitet zu haben. Du kannst folglich erwarten, dass ich mich auskenne. Damit unser gemeinsamer Weg zu deiner inneren Befreiung fruchtbar wird, sind von deiner Seite lediglich drei Dinge erforderlich: Aufrichtigkeit, Vertrauen und Offenheit. Wenn du mit dieser Haltung startest, wird dir das Essenz-Modell eine unglaubliche, nie gekannte Freiheit bescheren! Vertraue mir, um anzufangen. Vertraue deinem Reiseführer. Dies befähigt dich, den ersten Schritt zu tun. Von da an wird sich dein Vertrauen auf deiner eigenen, direkten Erfahrung begründen.

Doch was überhaupt ist das Essenz-Modell? Das Essenz-Modell ist eine Landkarte unseres Daseins, bestehend aus sieben Essenzen, die es zu entdecken, zu verstehen und anzunehmen gilt. Von uns allein. Es gibt unserer inneren Wahrheit einen authentischen, individuellen Ausdruck, eine eindeutige Sprache. So offenbart sich ein Leitfaden, der uns zeigt, was wir wirklich im Leben wollen und wie jeder Einzelne es erreicht. **Und was ist der konkrete Nutzen dieses Buchs?** Die eigene Urwunde zu erkennen und die wahre Lebensaufgabe zu entdecken!

Für wen ist dieses Buch? Dieses Buch richten sich an Menschen, die auf der Suche nach ihrer Lebensaufgabe sind. Menschen, die entdecken möchten, welchen wesentlichen Beitrag zum Ganzen sie leisten können. Und sehr häufig bildet die Erfahrung des eigenen Lebens als eines Hamsterrades den Anfang dieser Suche.

Eines Morgens, es war im August 2014, wachte ich auf und sah ein detailliertes Bild vor meinen Augen. Ich zeichnete es nieder und das Essenz-Modell war geboren.

Schon im Jahr 2003 hatte ich mit dem Strategiespezialisten Roland Schön meine Einzigartigkeit erarbeitet: Unbewusstes bewusst zu machen. Das hatte meinem Leben einen kompletten Wandel bereitet: Vom Hörspielregisseur und Immobilienhändler zum Coach für Einzigartigkeit. Und jetzt dieses Essenz-Modell mit seiner Besonderheit: die Dynamik der tieferen Zusammenhänge unseres individuellen Daseins einfach und lebendig darzustellen, sprich erlebbare Klarheit zu schaffen.

Als die Idee in mir reifte, ein Buch zum Essenz-Modell zu schreiben, hatte ich die Vorstellung von einem fachlichen, wissenschaftlichen Buch. Ich habe über fünfzehn Jahre als Coach und Berater für Führungskräfte gearbeitet und im Laufe dieser Zeit fundierte Kenntnisse in psychologischen Modellen und therapeutischen Disziplinen gesammelt. All das sollte meiner Vorstellung nach in dieses Buch einfließen. In mir brannte der Ehrgeiz, ein großes, perfektes Werk über den Sinn des Lebens zu verfassen.

Doch dann wurde mir immer klarer, dass die Welt keine neue komplizierte, wissenschaftliche Konstruktion brauchte, keine neue Philosophie, kein weiteres Theoriegebäude. Es braucht eher eine Fokussierung, eine Konzentration auf das Wesentliche. Unser Verstand ist bereits so überladen mit Konzepten, Denkstrukturen und mentalen Gebilden. Anstatt weiter und weiter abstraktes Wissen anzuhäufen, brauchen wir jetzt einfache, direkte und simple Entdeckungen unseres wahrhaftigen Wesens: unserer Essenz.

So nahm ich mir vor, beim Schreiben genau diese Qualitäten im Auge zu behalten und immer wieder zu überprüfen, ob bestimmte Aussagen oder Erklärungen nicht noch präziser, noch direkter und noch besser für den Leser nachvollziehbar formuliert werden können. Mein Wunsch war es, den Inhalt soweit wie möglich zu destillieren und Worte zu finden, die direkt ins Herz treffen.

Meine Coachings der letzten fünf Jahre waren geprägt durch Erarbeitung und Anwendung des Essenz-Modells mit meinen Klienten. Das waren vor allem Führungskräfte mittelständischer und globaler Unternehmen, internationaler Marken, Manager der mittleren Ebene, Filial- und Abteilungsleiter, öffentliche Personen, aber auch Privatpersonen in nicht-beruflichem Kontext. Die Resultate waren so beeindruckend und inspirierend, dass das Essenz-Modell immer mehr ins Zentrum meiner Arbeit rückte. Der Erfolg bestand darin, dass nahezu jeder, mit dem ich seinen Essenz-Pass erarbeitet hatte, seine wahre Lebensaufgabe entdeckte und diese tatsächlich zu leben begann.

Es schien, als hätte ich eine Schatzkarte gefunden, die für jeden Einzelnen funktionierte, und ihn oder sie zielsicher zu seiner Wahrheit führte. Das Prinzip war immer dasselbe, doch der Weg und der Inhalt so einzigartig wie der Mensch, der vor mir saß. Ich verstand, dass dieses Modell imstande war, jeden zu seiner wahren Lebensaufgabe und damit zu tiefer innerer Erfüllung zu führen.

Das vorliegende Buch ist die Konsequenz dieses Verständnisses: Eine Erklärung des Modells und eine Anleitung zu innerer Befreiung. Es soll dazu dienen, die Weisheit und Einfachheit des Essenz-Modells so vielen Menschen wie möglich verfügbar zu machen, indem sie aus der Unbewusstheit erwachen, ihre Einzigartigkeit annehmen und ihre wahre Bestimmung erfahren.

Und das wiederum entspricht meiner eigenen Lebensaufgabe nach dem Essenz-Modell:

Ich bin der, der Unbewusstes bewusst macht,
mit Klarheit, Integrität und Lebensfreude,
damit Menschen ihre Lebensaufgabe erkennen
und innere Erfüllung erleben.

Was ist das genuin Neue am Essenz-Modell? Es ermöglicht ein bahnbrechend einfaches Verständnis der inneren Zusammenhänge des eigenen Lebens. Diese werden in den eigenen Worten formuliert, ausgedrückt und versinnbildlicht. Da dieses Modell ganz unterschiedliche, scheinbar konträre Modelle unter einer komplett neuen Perspektive vereinigt, ist die innere Struktur der einzelnen Kapitel der Dynamik des Essenz-Modells nachempfunden - sie macht erfahrbar, wie es im Leben wirkt. So tauchen mitunter abrupte Wechsel und Übergänge zwischen Erklärungen, Beispielen, Erfahrungsberichten und praktischen Übungen auf. Ich lade dich ein, dich auf diese Sprünge einzulassen: sie unterstützen dein Bewusstsein beim Perspektivenwechsel.

„Wahre Erfüllung", „paradiesischer Raum" - sind die Versprechen, die dieses Buch macht, nicht viel zu groß? Ist es nicht

vermessen zu versprechen, dass das Essenz-Modell so Großes ermöglicht wie, dass ich den „Sinn meines Lebens" finde?

Der paradiesische Raum wird nicht durch das Essenz-Modell erschaffen, sondern entdeckt. Dasselbe gilt für den Sinn des eigenen Lebens. Es ist nicht vermessen, sondern angemessen, etwas entdecken zu wollen, das schon da ist!

Im ersten Teil des Buchs findet sich in jedem Kapitel eine Übung, die dir hilft, den jeweiligen Schritt zur Erkenntnis zu vollziehen. Im zweiten Teil dann enthält jedes Kapitel eine Meditation, durch die du leichteren Zugang zur Bilderwelt deiner Seele erhältst, um Unbewusstes bewusst werden zu lassen.

Insgesamt liefert dieses Buch die hermeneutische Basis für ein Leben mit dem Essenz-Modell. Auf diesem Weg begleiten in der Regel ausgebildete Coaches für eine Weile dieses Leben und bieten maßgebliche Unterstützung bei der Klärung konkreter Fragen und Hindernissen, der Vertiefung des Verständnisses und Überprüfung eigener Wahrnehmungen und Schlussfolgerungen. Wenn du dich ernsthaft und aufrichtig auf deinen Weg zu dir machst, werden sich unumgänglich deine bisher unbewussten Themen zeigen und deine noch blinden Flecken demonstrieren.

Das Essenz-Modell erinnert uns dabei immer wieder daran, dass wir genau so in Ordnung sind, wie wir sind - mit allem, was wir sind. Ausnahmslos und bedingungslos.

Ohne Aussicht auf Erfolg zum Professor

Im April 2008 saß mir auf einer Zugfahrt ein netter, quirliger Mann gegenüber. Lockenhaare, 41, intellektueller Typ. Wir kamen sofort ins Gespräch. Er stellte sich als Dozent für Literatur vor. Ich erzählte ihm, dass ich als Coach arbeitete. Da erhellte sich sein Gesicht und er hatte eine Idee: „Können Sie mir helfen, Professor zu werden?"

„Wie groß sind die Chancen?"
„Nicht besonders."
„Das klingt nach einer interessanten Aufgabe!"

Es war an der Zeit, seine Lebensaufgabe zu entdecken.

„Was ist Ihre Einzigartigkeit?"
„Ich weiß es nicht."
„Welches Projekt war erfolgreich?"
„Vielleicht das Malereiprojekt!"
„Das Malereiprojekt?"

Er hatte als Doktor der Geisteswissenschaften Bilder aus dem Mittelalter untersucht, die Spruchbänder, also Schrift, auf der Leinwand trugen. Rätsel, Liebesbekundungen, kryptische Zeilen. Die Literatur fand dafür keine Verwendung, weil diese Zeilen keine Literatur waren, und die Kunstgeschichte lehnte eine Untersuchung ab, weil Schrift nicht als Kunst galt.

Doch er gab nicht auf und stellte Verbindungen her. Verbindungen zwischen mittelalterlichen Schriften und der Malerei. Verbindungen zwischen Auftraggeber und Geliebten, Realität und Geheimnissen.

Die Einzigartigkeit in der Lebensaufgabe beginnt mit: „Ich bin der, der…" Wir hatten den ersten Teil: „Ich bin der, der mit Ideen Verbindungen entdeckt" Wow! Ein Tor war geöffnet.

Das Essenz-Modell war damals übrigens noch nicht komplett geboren. Doch der Dreiklang: Einzigartigkeit – Werte – Beitrag war mir bereits klar. Und den erarbeiteten wir nach und nach.

„Was sind Ihre Werte, Verhaltensweisen, die sie tief bewegen?"

Er hatte Kinder und einen hohen Anspruch. Er war mutig, neue Wege zu gehen, die ausgetretenen Pfade zu verlassen. Und er war inspirierend.

„Mut ist dabei. Und Leidenschaft."
„Was noch? Was wollen Sie, dass Ihre Kinder von Ihnen gelernt haben?"
„Nicht aufgeben!"
„Durchhaltevermögen?"
„Ja!"
„Warum wollen Sie Verbindungen entdecken?"
„Hm, weil es mir Spaß macht? Zufall? Weil es ein Projekt war? Keine Ahnung…"

Die Suche nach dem Beitrag ist am Anfang zäh, schwierig, geht über stereotype Aussagen meist nicht hinaus. Essenz-fördernde Fragen helfen:

„Was wollen Sie den Studenten mitgeben?"
„Dass sie begeistert sind!"
„Ah! Was noch?"
„Inspiriert?"
„Wovon, wofür?"
„Für das Mittelalter. Von der Welt!"
„Der Welt an sich?"
„Nein, der Schönheit der Welt! - Damit die Studenten berührt und begeistert sind von der Schönheit der Welt!"

Und plötzlich stand sie klar und deutlich vor uns: seine Lebensaufgabe. Gefunden und geborgen, wo sie immer schon war: in ihm selbst.

Ich bin der, der mit Ideen Verbindungen entdeckt,
mit Mut, Leidenschaft und Durchhaltevermögen,
damit Menschen berührt und begeistert sind
von der Schönheit der Welt.

Wir waren beide beeindruckt und konnten es nicht fassen: So ein schöner Satz! Wenn die Lebensaufgabe gefunden ist, und sie den Besitzer selbst fasziniert, beginnt sich eine Tür zu öffnen und ein paradiesischer Raum entfaltet sich. Es ist, als würde man gebeten, einzutreten, und die Welt kommt einem gleichzeitig entgegen.

Es gab nach einiger Zeit eine Einladung an eine Universität. Dr. M. kam in die Endauswahl und der Dekan stellt die unumgängliche Frage: „Warum soll ich Sie nehmen und zum Professor machen?"

„Weil ich der bin, der mit Ideen Verbindungen entdeckt, damit die Studenten berührt und bewegt sind von der Schönheit der Welt!"
„Können Sie das nochmal sagen?"
„Natürlich, es ist ja meine Lebensaufgabe!"

Der ehemalige Dozent aus Dresden wurde ordentlicher Professor, weil ein Projekt geleitet werden sollte, das die Verbindung der Ostsee und des Mittelalters untersuchen würde. Die Lebensaufgabe hatte den Lauf seines Lebens bestimmt.

Zwei Jahre später bat mich der arrivierte Professor auf die Homepage einer anderen Universität zu schauen. Er ist als Professor seines

Spezialfachgebiets an die renommierteste Universität des Landes berufen worden. Wegen seiner Lebensaufgabe und seinem Mut sie auszusprechen und zu leben.

Wir konnten es beide nicht glauben. Und ich bekomme noch jedes Mal eine Gänsehaut, wenn ich daran denke.

EINLEITUNG

Die Nützlichkeit einer Landkarte besteht für den Reisenden aus drei Aspekten: Erstens zeigt sie ihm exakt, wo er sich gerade befindet. Zweitens dient sie dazu, einen Zielort festzulegen und drittens zeichnet sie en détail den Weg vor, den man gehen muss, um vom Ausgangspunkt zum Zielort zu gelangen. Das Essenz-Modell kann ebenfalls als eine Art Landkarte verstanden werden. Eine Landkarte des eigenen Daseins. Mithilfe des Essenz-Modells können wir nicht nur feststellen, wo wir uns gerade mit uns selbst befinden, sondern auch, wie wir dorthin gekommen sind. Es erlaubt uns also nicht nur einen Blick nach vorn, in eine Vision dessen, was wir sein können, sondern genauso einen Blick in die Vergangenheit, der uns entschlüsseln kann, welchen Pfad wir gegangen sind, um dort zu landen, wo wir uns heute befinden.

Es gibt eine Zeit und Notwendigkeit für beide Blickrichtungen. Bei der Arbeit mit dem Essenz-Modell beginnen wir in der Vergangenheit, um zu erkennen, warum wir die Person geworden sind, als die wir heute den Beruf haben, den wir haben, die Beziehungen und Freundschaften haben, die wir haben und die Probleme haben, die wir haben.

Das Essenz-Modell ist ein Reiseführer zur Quelle unseres Seins, einer Quelle, die gleichzeitig das Zentrum unserer innersten Erfüllung ist. Dort sprudeln Liebe, Glück und Zufriedenheit im Überfluss. Und zwar schon immer. Wir haben es lediglich vergessen, als wir begannen zu glauben, dass wir diese Essenzen draußen in der Welt suchen und finden müssten. Das Essenz-Modell hilft uns, diese verlorene, vergessene Wahrheit neu zu entdecken und ganz wahrhaftig in unserem Leben in Anspruch zu nehmen.

Die Entdeckung, dass das, was wir uns so sehnlich wünschen, schon immer bereits in uns ist, ist in Wirklichkeit eine Wiederentdeckung und ein besonderer Zauber, den jeder erlebt, der den Weg zu sich selbst geht. Die Quelle zu finden, ist eine Offenbarung. In, mit und als die Quelle zu leben, ist Erfüllung und pure Lebensfreude. Das Essenz-Modell ist eine Möglichkeit, den Weg zu dieser Erfüllung und Lebensfreude zu beschreiten. Es ist Landkarte, Kompass und Reiseführer. Und obgleich es vermag, jeden zu seiner Quelle zu führen, ist jeder Weg, jede Reise so einzigartig und individuell, wie der Mensch, der diese Reise unternimmt.

Im Folgenden möchte ich beispielhaft Ausschnitte des kontinuierlichen Dialogs zwischen Prof. M. und mir wiedergeben, um zu zeigen, wie umfassend sich die Entdeckung unserer tieferen Wahrheit auf alle möglichen Lebensbereiche und unser Selbstverständnis auswirken kann.

Die Dynamik der Transformation des Prof. M.

- Auszüge unserer Email-Korrespondenz -

Lieber Herr Dluzniewski,

das Gespräch gestern Abend hatte vor allem heute Nacht und heute Vormittag etwas in Gang gebracht, was ich am Telefon offenbar nicht bereit war zuzulassen.

Die Arbeit an den Listen hat mich plötzlich sehr berührt, nämlich (es wird Sie nicht wundern) bei dem Punkt 14 der Freudeliste. Da steckt wirklich eine massive Verletzung in mir drin und ich spüre, wie ich von Strategien umstellt bin, die mich immer wieder nicht spüren lassen, was da leben will...

Danke, dass Sie mir helfen.

• • •

Lieber Herr Dluzniewski,

die Achterbahnfahrt geht weiter. Einerseits erlebte ich eine tiefe Freude mit meiner Lebensaufgabe - sie gibt mir Mut und Kraft. Andererseits nagen dann wieder die Zweifel und wie bei kreuz und quer geschossenen Silvesterraketen verliere ich die Orientierung durch Dutzende verschiedener Wichtigkeiten, nach denen ich sehen muss.

Mann, ist das manchmal anstrengend mit diesem Weg.

Ihr L. M.

• • •

Lieber Herr Dluzniewski,

gestern Abend habe ich mit meinem ehemaligen Chef und Über-Papa telefoniert. Es war wahrscheinlich das erste Telefonat, das ich jemals mit ihm hatte, in dem es ausschließlich um mich ging. Ich habe ihm von meinen ganzen Erfahrungen beim den Bewerbungsvorträgen erzählt und von meinen berechtigten Hoffnungen auf eine Professur berichtet (hier ist eine weitere Hürde genommen: der Fakultätsrat hat einstimmig! der Liste, auf deren erstem Platz ich stehe, zugestimmt - jetzt muss nur noch der Senat zustimmen und der Ruf dürfte im Juni erfolgen).

Dann habe ich die Frage gestellt, wie er mich sieht, was ich seiner Meinung nach erreichen sollte und wo meine Stärken liegen. Die Frage hat ihn kurz überrascht, dann aber hat er ausführlich geantwortet (ich habe versucht mitzuschreiben):

Deine Stärken sind

- *der Unterricht (die Beziehung zu den Studenten, Begeisterung...)*
- *die psychosoziale Dimension (Sensibilität für die Nöte, Gefühle, Fähigkeiten der Mitarbeiter, Kollegen und Studenten)*
- *das ‚Durchziehen' eines Projekts, das habe ihn sehr beeindruckt, wie ich meine Mitarbeiter um mich schare und motiviere und wie es mir gelingt, ergebnisorientiert zu arbeiten.*

Als Nah- und Fernziele würde er empfehlen, dass ich jetzt zunächst meine Habilitationsschrift (zum Erec) publiziere - um dann frei zu sein für ganz was Neues, auch um gelegentlich einfach einen Aufsatz zu schreiben zu den Dingen, die mir beim Unterrichten auffallen. Außerdem solle ich unbedingt die Außenwirkung der Geisteswissenschaften zu meiner Sache machen.

Ist das nicht ein schönes Ergebnis für ein Telefonat mit einem Menschen, der mich gut kennt, von dem ich viel gelernt habe...

Herzliche Grüße

• • •

Lieber Herr Dluzniewski,

nun bin ich von der Tagung zurück und habe mir irgendwie bei der siebenstündigen Autofahrt den Rücken verrenkt und leide wieder mal vor mich hin - nein, ich habe auch das akzeptiert.

Zu Hause lag dann tatsächlich, ich hatte erst in Wochen damit gerechnet, ein Brief des Rektors mit dem schönen Satz: „auf Vorschlag der Fakultät ... berufe ich Sie auf die Professur". Ist das nicht super? Mein erster Ruf.

Danke schon einmal für alles und danke, dass Sie da sind für mich.

Alles Gute

Ihr L. M.

• • •

Lieber Herr Dluzniewski,

In den letzten Tagen habe ich sehr deutlich auch eine Bestimmung in mir gehört, die heißt: ich will und soll Diener sein, ich will den Menschen dienen. Was ich so deutlich bei Ihnen gelernt habe, ist die Einsicht, dass dies eben auch katastrophisch sein kann, wenn es bei diesem Helfen und Dienen eher um mein Wohlgefühl geht oder wenn ich die anderen in Opferrollen zwänge etc. und vor allem, wenn ich meine eigenen Bedürfnisse und Lüste verleugne.

Manchmal habe ich zu wenig Mut (auch im Coaching), meine Sicht auf die Dinge zu verteidigen oder positiv anzuerkennen. Schnell lasse ich mich verunsichern. Dabei habe ich bei Ihnen gelernt, die eigenen Prägungen anzuerkennen und ja zu sagen und dann natürlich Schritte nach vorne zu machen.

In unserem letzten Gespräch war mir fast am wichtigsten die Erkenntnis, dass ich sehr gerne andere verantwortlich mache für ein Geschehen. Ich bin es, der empfindet und Bedürfnisse hat und handelt. So ist es.

Sie sehen, Sie haben viel in Gang gebracht. Danke.

Jetzt muss ich mal weiter arbeiten...

Ich grüße Sie herzlich und freue mich auf unser nächstes Gespräch.

Ihr L. M.

• • •

Lieber Herr Dluzniewski,

gestern habe ich in der ehrwürdigen Alten Aula einen Vortrag zur Eröffnung einer Ausstellung gehalten, vor ca. 300 Leuten (zur Hälfte Professoren!), und ich habe exakt das gemacht, was ich kann: mit Ideen Verbindungen entdecken (unter anderem zwischen Liebesliedern und Satellite von Lena), habe die Leute überrascht und begeistert für die Schönheit der Welt (in diesem Fall: für die Schönheit der Liebe und der Literatur).

Dem lieben Gott habe ich davor um Demut gebeten (weil ich ahnte, dass es der Brüller würde), danach habe ich ihm gedankt, und meiner Frau und meinen Kindern, die alle auch da waren. Nun danke ich Ihnen, der mich aufs rechte Gleis gestellt hat.

Herzlich

Ihr L. M.

• • •

Lieber Herr Dluzniewski,

ich danke Ihnen von Herzen, dass Sie mir geholfen haben, mich selbst zu erkennen und meine Lebensaufgabe zu finden und nun umzusetzen.

Ich wollte ja nie an diesen renommierten Lehrstuhl, und nun stellt sich heraus, dass das der Ort ist, an den ich eigentlich wollte, ohne es zu wissen. Die Gralsburg kann man nicht aus eigener Anstrengung finden; nur der, der erwählt ist, findet sie. So komme ich mir z.Zt. vor.

Ich würde mich über ein Telefonat sehr freuen. Morgen z.B. bin ich bis ca. 15:30 Uhr frei und gut erreichbar.

Herzliche Grüße

Ihr L. M.

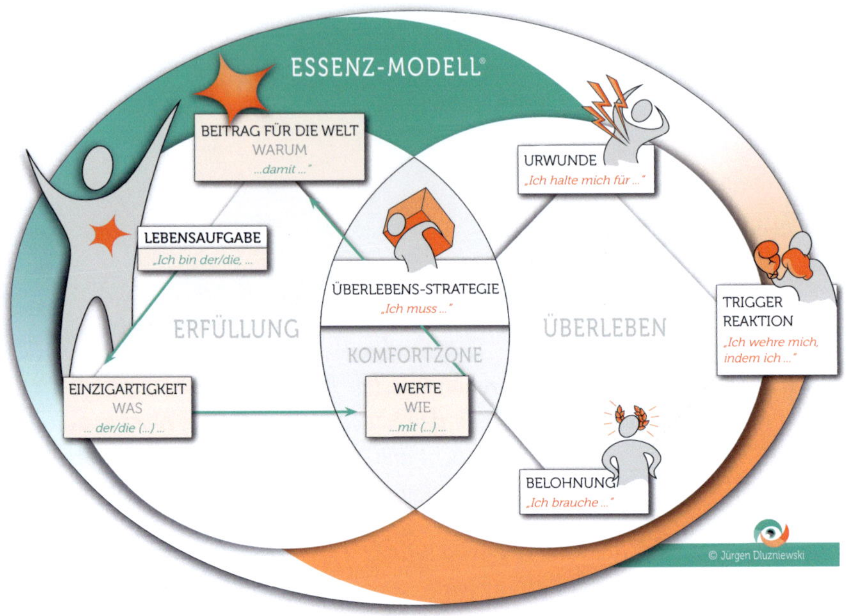

Aufbau und Sinn des Essenz-Modells

Die Darstellung des Essenz-Modells besteht aus zwei Hemisphären, die sich in der Mitte als unsere nur allzu bekannte „Komfortzone" überlagern. Die linke Hemisphäre ist das „Dreieck der Erfüllung", die rechte das „Quadrat des Überlebens". In unserem meist unbewussten Alltagsleben befinden sich diese beiden Teile in Konkurrenz: beide suchen ihren Platz in unserem Dasein.

Beide Hemisphären sind durch mehrere Aspekte gekennzeichnet, die sie ausmachen. Das Dreieck der Erfüllung besteht aus der Einzigartigkeit, den innersten Werten und dem Beitrag für die Welt. Wenn alle drei Aspekte entdeckt und in logischen Zusammenhang gebracht sind, habe ich meine Lebensaufgabe gefunden.

Bei der Erarbeitung des Essenz-Modells steht am Ende, als Resultat, immer die eindeutige Formulierung der Lebensaufgabe - nicht als Idee, sondern als offenbarte Erkenntnis.

Das Quadrat des Überlebens wird von den vier Aspekten Urwunde, Trigger-Reaktion, Belohnung und Überlebensstrategie gebildet. In unserem bisherigen Leben haben diese vier Aspekte grundsätzlich unser Leben bestimmt: unser Selbstbild, unsere Beziehungen, unsere berufliche Karriere, unsere Ängste und Hoffnungen. Solange uns die Mechanik dieser Einflüsse nicht bewusst ist, laufen wir quasi blind und taub im Hamsterrad unseres Lebens, fühlen uns ungerecht behandelt, isoliert, beherrscht, verlassen, verunsichert, beleidigt, ungeliebt und unzufrieden.

Am Anfang birgt das Quadrat des Überlebens also viel Unbewusstes, Unbekanntes und auch Schmerzhaftes. Reflexartig wollen wir uns daher viel lieber dem verheißungsvollen Dreieck der Erfüllung zuwenden - wir wollen direkt ans Ziel, wir wollen Erfüllung in unserer Komfortzone. Und wir wollen, dass uns diese Erfüllung dorthin geliefert wird. Das aber wird nicht passieren. Und das wissen wir. Wir wissen es nur zu gut, denn genau auf diese Lieferung warten wir schon so lange in unserem Hamsterrad. Wir laufen, laufen und laufen und warten, warten und erwarten. Und hast du jemals die ultimative Erfüllung gefunden? Eine Erfüllung, die nicht abhängig ist von Bedingungen, anderen Menschen, deinem Kontostand? Würdest du dann dieses Buch lesen?

Da wir das volle Potenzial möglicher Erfüllung erleben wollen, beginnen wir also damit, uns das bewusst zu machen, was uns bisher nicht bewusst war. Das Unbewusste ist wie ein Kellerraum, in dem wir jahrelang Dinge abgestellt haben, auf einander gestapelt, ineinander gerückt, ohne je das Licht anzumachen. Dort drinnen herrscht vermutlich eine gewisse Unordnung, einige Dinge sind verstaubt, andere gar nicht wieder zu erkennen und noch andere haben sich, ohne dass wir es bemerkt hätten, bereits weitgehend aufgelöst.

Die energieraubende Mechanik, mit der wir uns ans Quadrat des Überlebens ketten, kann nur funktionieren, wenn wir diesen Kellerraum nicht betreten und nicht das Licht anmachen. Sie ist dafür verantwortlich, dass unsere Erfüllung Sehnsucht bleibt und wir mit einem schwächlichen, trügerischen Selbstbild leben, anstatt mit unserem innersten, unserem wahren Selbst – unserer Essenz! Daher werden wir diesen Abstellraum betreten und das Licht anschalten. Wir bringen sogar noch eine große Taschenlampe mit. Und wir werden diesen Raum respekt- und liebevoll betreten, mit Achtung und Wertschätzung für uns selbst und das, was wir zusammen betrachten werden.

Dein Verstand wird jetzt vielleicht sagen „Vielleicht ist es besser, da nicht hin zu schauen. Wer weiß, was wir da finden werden!“ oder „Nein! Das will ich gar nicht wissen.“ Oder ein unbehagliches Gefühl meldet sich in deinem Bauch, vielleicht taucht spontan ein Gefühl von Unlust auf, dieses Buch weiter zu lesen. Ganz gleich, mit welchen Argumenten dein Verstand taktiert, diesen unbesehen zu glauben ist genau das, was dich bisher davon abgehalten hat, wirkliche und dauerhafte Erfüllung zu erfahren. Verstehe, dass die Mechanik des Quadrats des Überlebens in diesem Moment noch in deinem Unbewussten liegt und dir daher per se noch nicht bewusst sein kann. Aber vielleicht kannst du mir ein Stück weit vertrauen und die nächsten ein, zwei Schritte mit geschlossenen Augen mit mir gehen. Ich verspreche dir, dass sich deine Augen in Kürze öffnen werden und du dein Leben in einem völlig neuen Licht sehen wirst. Und das ist nur der erste Schritt.

Urwunde

Ein schmerzhaftes Erlebnis oder Schock, entstanden in der Kindheit. Meist ausgelöst in Verbindung mit einem geliebten Menschen oder einer Situation, in der offensichtlich wurde, dass der Mensch mit allen oder bestimmten Persönlichkeitsmerkmalen nicht angenommen wurde. Die Häufigkeit und Intensität des Erlebnisses definiert die Intensität der Urwunde.

Die Urwunde reißt im täglichen Leben immer wieder auf; die Intensität richtet sich nach dem Ähnlichkeitsindex (Similarity Index). Je exakter die jetzige Situation mit der ursprünglichen erlebten, schmerzhaften Situation korreliert, desto stärker wird die Urwunde empfunden.

Die Urwunde muss nicht geheilt werden. Sie kann durchdrungen und umarmt werden.

Überlebensstrategie

Die kindliche Reaktion auf das Erleben der Situation, in der die Urwunde entstand. Als Kind gibt es die Annahme, tatsächlich schuldig zu sein. Daraus entsteht eine Handlungsoption: es braucht ein Verhaltensmuster, das sicherstellt, dass der Schmerz der Urwunde vermieden werden kann. Dieses Verhaltensmuster (z.B. „Ich muss brav sein“) ist eine mentale Entscheidung, um den emotionalen Schmerz unter Kontrolle zu bringen. Im Laufe der weiteren Entwicklung bildet sich aus dieser ursprünglichen Entscheidung eine Strategie für alle Lebenslagen.

Das grundsätzliche Verhalten im täglichen Leben lässt sich so auf

Aspekte der Überlebensstrategie zurückführen. Je älter Menschen werden, desto mehr wollen sie mit ihrer Überlebensstrategie recht behalten.

Belohnung

Im Moment der Ablehnung erlebt das Kind neben dem Schmerz auch eine Sehnsucht: so angenommen zu werden, wie es sich selbst wahrnimmt. Diese Sehnsucht wird zu einem Grundbedürfnis, das ebenfalls ein ganzes Leben lang für das Erleben von Glück und Liebe als erstrebenswert und unabdingbar gilt. Anerkannt oder ernst genommen zu werden gehören genauso dazu, wie Applaus oder Sicherheit.

Die genaue Formulierung ist für den Maßstab des Erfüllungsgrades entscheidend. Je exakter die Belohnung die kindliche Erwartung erfüllt, desto stärker der Eindruck von Glück und Geliebtsein. Da aber die Urwunde als Quelle gilt und die Herrschaft im Erleben hat, interpretieren viele Menschen eine „Belohnung" als falsch, oder gar als Manipulation. Dies ist auch der Grund dafür, warum wir eine echte Anerkennung nur so schwer annehmen können: Der Urwunde wird geglaubt, der Belohnung dagegen nicht.

Trigger-Reaktion

Wenn die Überlebensstrategie versagt und die Urwunde nach dem Ähnlichkeitsindex „aufgerissen" wird, erfolgt automatisch eine Reaktion aus dem limbischen System, um sich selbst zu schützen. Es gibt drei Grundmuster als Erstreaktion: Angriff, Flucht oder Erstarrung. Manche sehen auch noch die Rationalisierung als Reaktionsmöglichkeit für den Notfall.

Die Trigger-Reaktion verläuft in mehreren Phasen: Es gibt zunächst einen Impuls, dann die Taktik und schließlich der Übergang in die Normalität zur Überlebensstrategie. Es ist möglich, dass eine Belohnung die Trigger-Reaktion verkürzt.

Einzigartigkeit

Ein Talent, eine Eigenschaft, die ein Mensch ganz unbewusst mit ins Leben bringt, ist angeboren. Es ist ein Gefühls-, Gedanken,- und Verhaltensmuster, das mit in die Wiege gelegt ist. Manche glauben, dass es mit der Seele gekoppelt in den Körper tritt, andere sind sicher, dass die Sippe oder die Sternenkonstellation die Einzigartigkeit bestimmt.

Auf jeden Fall sprechen wir von einer zu tief verwurzelten Eigenschaft jenseits aller Prägungen. Die Einzigartigkeit kann entdeckt werden, ansonsten wird sie von den Prägungen überlagert.

Werte

Wir unterscheiden zwischen kulturellen, gesellschaftlichen und individuellen Werten. Im Essenz-Modell stellen die Werte einen Übergang zwischen Prägung und Einzigartigkeit dar. Sie sind tiefe Überzeugungen, „wie“ man sein Leben gestalten will. Auf welche Versprechen andere Menschen sich verlassen können und man sich bei anderen verlassen will. Die Werte, oder auch Verhaltensweisen, sind grundsätzlich wohlwollend und unterstützend im Dienste der Gesellschaft. Die Werte im Essenz-Modell stellen eine permanente Entscheidung und ein Ringen um die eigenen Werte dar. Werte leben heißt nicht, dass es immer gelingt, es heißt eher, dass es einen bewussten Selbstreflexionsprozess fordert, um mit seinen Werten und Verhaltensweisen in Einklang zu kommen.

Beitrag für die Welt

Die mystischste aller Essenzen im Essenz-Modell.

Der Beitrag stellt die wichtigste Quelle dar und birgt die Chance auf einen erlebbaren Sinn. Einen Sinn im Leben zu finden und diesen aktiv zu leben steht immer in Beziehung zu andern Lebewesen oder der Welt im Gesamten. Ein Beitrag zu sein ist weder altruistisch, noch egoistisch. Es ist die natürliche Konsequenz des Handelns aus der Einzigartigkeit heraus, basierend auf den individuellen Werten. Der Beitrag ist eine notwendige Konsequenz, die als Ergebnis dieser Fokussierung entsteht. Dabei ist es mystisch, dass etwas als Beitrag möglich wird, weil die Einzigartigkeit mit den Werten einen Raum schafft, in der der Beitrag wie von selbst sichtbar wird. Er kann niemals erzwungen werden, sondern muss in Liebe und Hingabe als Zauber erblühen.

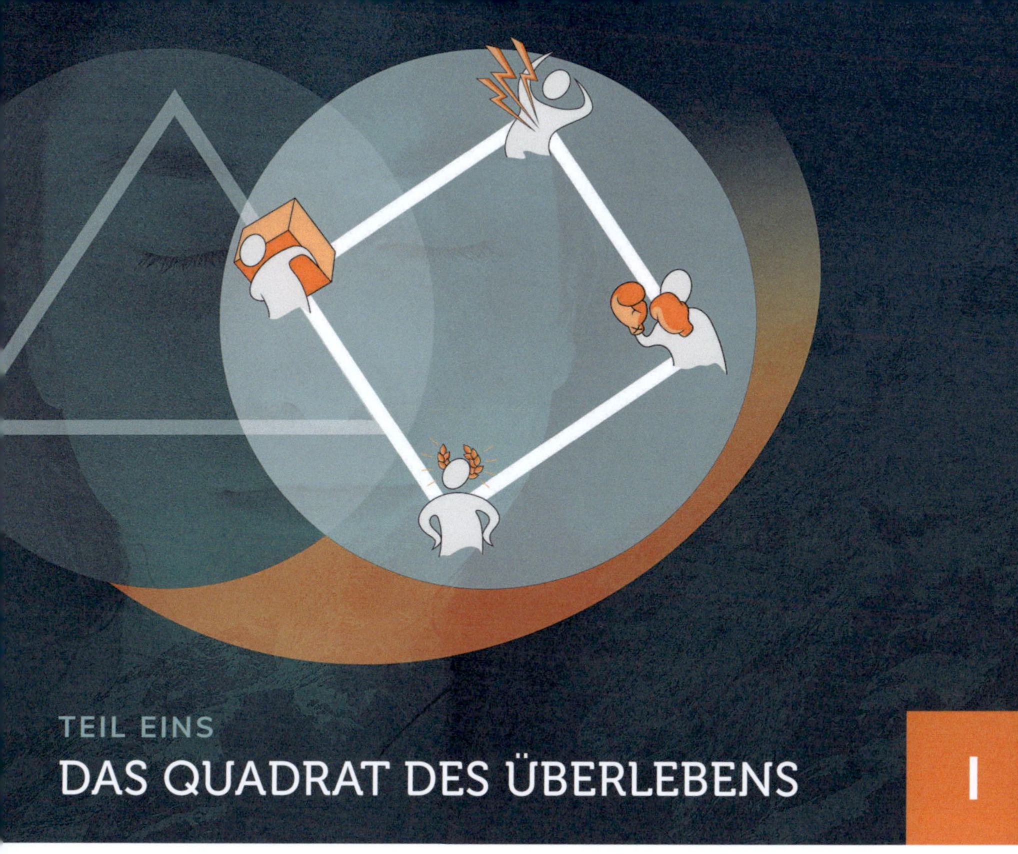

TEIL EINS

DAS QUADRAT DES ÜBERLEBENS

I

Das Symbol des Quadrats hat in der kulturellen Geschichte des Menschen zahlreiche Bedeutungen, die jedoch alle miteinander verbunden sind und übergeordnet für dasselbe stehen: das irdische Dasein des Menschen, seine Verstofflichung, seine Inkarnation.

Das Quadrat steht also für die Dimension unseres Seins, die sich auf das Leben in der Welt bezieht, das nackte menschliche Dasein in Fleisch und Blut – von der Geburt, durch unsere Lebensgeschichte hindurch, bis zum Tod. Es ist ein Symbol für die irdischen Gesetzmäßigkeiten, für Materie, für die physische Welt. Im Essenz-Modell steht das Quadrat noch weitgreifender für die

Gesetzmäßigkeiten unseres Lebens: nicht nur physisch, sondern auch psychisch. Und diese Gesetzmäßigkeiten beherrschen das Erleben unseres Lebens umso umfangreicher, je unbewusster uns diese Mechaniken sind. Das Umgekehrte gilt aber auch: je bewusster wir uns sind, was in unserem Innern unser Leben bestimmt, desto weniger Wirkung hat es. Und das kann bis zu einem Grad der Bewusstheit und Klarheit gehen, dass diese Wirkung gegen Null tendiert. Das bedeutet nicht, dass die Kräfte, die in unserem Leben herrschen, verschwinden - obwohl dies in Einzelfällen passieren kann –, sondern dass sie uns nicht mehr beeindrucken, überwältigen, bestimmen oder verführen.

In der Astrologie wiederum symbolisiert das Quadrat die Vierteilung des Kreises (Ganzheit, das Göttliche). Es steht dabei für große innere Spannungen, die auch zu Konflikten mit der Umwelt führen. Der Betroffene spürt deutlich, dass etwas nicht wie erwartet funktioniert. Das Quadrat wird hier als Sinnbild dafür betrachtet, dass der Mensch sich einer Herausforderung gegenüber sieht, etwas woran er arbeiten muss, um es zu erkennen, zu verstehen und darüber hinauszuwachsen. Das Quadrat bedeutet astrologisch also auch das Potenzial zu Weiterentwicklung und innerer Reifung.

Schaut man sich das Quadrat des Überlebens im Essenz-Modell an, entdeckt man schnell, dass hier genau diese Aspekte vertreten sind. Zum einen werden sie als Pole der vier Ecken des Quadrats dargestellt: Urwunde, Trigger-Reaktion, Belohnung und Überlebensstrategie. Zum anderen stehen diese in mehr oder weniger starker Beziehung zueinander, was sich an den unterschiedlichen Stärken der Seitenkonturen ablesen lässt. So gibt es beispielsweise eine sehr starke Verbindung zwischen Überlebensstrategie und Urwunde, jedoch bloß eine verschwindend geringe zwischen Trigger-Reaktion und Belohnung.

Das Quadrat des Überlebens veranschaulicht uns klar, welche Anteile unserer Persönlichkeit in jedem Moment unseres Lebens zusammenspielen, in welcher Beziehung sie zu einander stehen und, natürlich, was diese Anteile genau sind. Die Erkenntnis und Akzeptanz dieser Mechanik gibt uns die Weisheit und Gelassenheit, die wir benötigen, um über diese Dimension hinaus zu gehen.

Ich beobachte mich
und verstehe dadurch die anderen.

~ Laotse

KAPITEL EINS

DIE URWUNDE

1

Die Urwunde entsteht durch eine frühe Verletzung, die wir in unserer Kindheit erfahren. Sie formt sich als eine Region in unserem Wesen, die mit einem tiefen, existenziellen Schmerz assoziiert wird. Meist werden wir von einem geliebten Menschen abgelehnt, kritisiert, gedemütigt oder sogar missbraucht. Das Schmerzerlebnis ist so prägend, dass wir fortan unter allen Umständen vermeiden werden, diesen Schmerz noch einmal zu spüren. Die Narbe dieser Wunde wird auf unserem weiteren Lebensweg bestimmen, wie sich unsere Persönlichkeit entwickelt, für wen wir uns halten werden, wie wir anderen Menschen, uns selbst und Ereignissen in unserem Leben begegnen werden.

Ein Aspekt der Entstehung der Urwunde ist, dass durch die Beurteilung dieser schmerzhaften Erfahrung, durch die kindliche Interpretation, ein Selbstbild konstruiert wird. Um in der traumatischen Situation handlungsfähig zu bleiben, sucht der Verstand nach einer Erklärung für das Geschehen. Er versucht zu begründen, warum es geschah und - vor allem - warum es mir geschah. In der weiteren Schlussfolgerung spiele ich also eine zentrale Rolle.

„Warum ich? Was ist mit mir, dass man mich so behandelt?" Die Erklärungen sind einfach: „Ich bin nicht gut genug, ich bin falsch, ich bin nichts wert, ich bin eine Versagerin!"

Und diese Erklärung wird im Laufe unseres Lebens zu einer tiefen, unumstößlichen Wahrheit, die es zu verstecken gilt. Die zentrale Annahme über uns selbst, die wir als Kind zum seelischen Überleben formuliert haben, färbt unser Selbstbild und unser Erleben als Erwachsene: unsere Liebesbeziehungen, Freundschaften, Feindschaften, berufliche Karriere und auch - und hier schließt sich der Kreis - unsere Beziehungen und Interaktionen mit unseren Kindern.

In der Psychologie wird dieses traumatische Ereignis in unserer Kindheit, bei dem wir gewissermaßen unsere seelische Unschuld verlieren, auch als „Die Vertreibung aus dem Paradies" bezeichnet. Damit wird bildlich sehr klar, von welcher Qualität diese Erfahrung für ein Kind ist. Es geht um nicht weniger als den schmerzhaften Verlust der Sicherheit und des Vertrauens, dass ich, so wie ich bin, geliebt, versorgt und in Ordnung bin. Die von Natur aus dagewesene Bedingungslosigkeit meiner Versorgung mit Liebe und Annahme scheint mit diesem Ereignis zu verschwinden. Mein Überleben ist nicht mehr garantiert. Ab jetzt werde ich eine Strategie brauchen, um in und von dieser Welt genährt zu werden.

BEISPIEL

Komm endlich, sonst gehen wir ohne dich!

Der kleine Markus ist drei Jahre alt, der mittlere von vier Brüdern. Die beiden Älteren sind knapp fünf Jahre alt und der Kleine anderthalb. Auf dem Weg zum Einkaufen im Ort geht es eine längere, betonierte Straße entlang. Die Mutter schiebt den Kinderwagen mit dem Kleinsten, rechts und links laufen die beiden Ältesten, der kleine Markus ist stehengeblieben.

Er kann noch nicht so schnell wie die anderen. Er fühlt sich unbeachtet von seiner Mutter, die mit den vier Kindern alle Hände voll zu tun hat. Nun steht er also dort auf dem Weg, will nicht mehr weiter, ist traurig und weint.

Die Mutter fühlt sich in der Situation überfordert. Sie hat noch drei weitere Kinder und wenn sie auf jedes einginge, würde sie nie alle Erledigungen schaffen. Sie erwartet von ihren Kindern, dass sie funktionieren und folgen. Aus mehreren Metern Entfernung ruft sie dem kleinen Markus ungeduldig und gestresst zu: „Komm jetzt endlich, sonst gehen wir ohne dich!“

Der Impuls der Verantwortungsübernahme

Die Ablehnung der Mutter, das Bedürfnis des kleinen Markus zu erfüllen, ruft ihn ihm einen Impuls hervor: den Impuls, die Verantwortung zu übernehmen. Was bedeutet das? Das Bedürfnis des Kindes nach Zuwendung und Annahme wird durch die Mutter nicht erfüllt. Sie ignoriert das Bedürfnis und lehnt die Erfüllung ab. Der kleine Markus gerät so in eine emotionale

Überlebenssituation, denn er empfindet diesen Moment als drohende Trennung von seiner Familie.

Seine Wahrnehmung der Ablehnung ist absolut, sprich sie hat eine universale Dimension und ist nicht relativ auf den Moment bezogen. Um in dieser Situation handlungsfähig zu werden und die drohende Trennung und den Verlust des Überlebensraums abzuwenden, sucht der Verstand des Jungen nach einem plausiblen Grund für die Ablehnung. Da seine Versorgung und sein Überleben von der Mutter abhängig sind, kann er den Grund für die Ablehnung instinktiv nicht bei ihr suchen. Würde er das Fehlverhalten bei ihr suchen, oder sie sogar angreifen, würde er die Zuverlässigkeit der „Nabelschnur" infrage stellen. Zudem ist in der kindlichen Wahrnehmung die Welt weder richtig, noch falsch, sondern einfach so, wie sie ist. Im Verstand des kleinen Jungen gibt es daher keine Kritik an der Solchheit des Moments. Sein Verstand schlussfolgert: „Es liegt an mir".

Diese Schlussfolgerung ist ein Impuls, die Verantwortung für einen bestimmten Umstand zu übernehmen. Der Vorteil dieses Impulses ist, dass unmittelbar Handlungsfähigkeit entsteht. Es ist keine Handlung von außen bzw. von Dritten erforderlich. Verantwortung zu übernehmen heißt in diesem Fall, mich selbst zur Ursache des Umstands zu machen. Im Falle des kleinen Markus urteilt der Verstand „Ich bin verantwortlich dafür, dass ich Ablehnung erfahre". Wichtig ist an dieser Stelle, dass es sich nicht um eine bewusste Entscheidung handelt, sondern um einen unbewussten Reflex, der – auf die Situation bezogen – äußerst effektiv ist. Die Logik dahinter ist: Wenn ich die Ursache bin, kann ich die Situation auch ändern. Äußerst simpel, nicht wahr? Und da sich der kleine Junge in einer Überlebenssituation befindet, ist es erforderlich, schnell zu handeln.

Die nächste Frage ist, was an mir nicht stimmt. Was an mir ist falsch, so dass es zu dieser Ablehnung kommt? Und hier geschieht etwas Einmaliges: der Verstand des Kindes formuliert einen konkreten Grund, warum es zu dieser Situation kam. Im Falle des kleinen Markus, kommt er zu dem Schluss, dass der Grund für die Ablehnung und drohende Trennung von der Mutter folgender ist: „Ich genüge nicht." Wenn wir uns den Vorgang Schritt für Schritt, wie in Zeitlupe, anschauen, können wir das Prinzip nach dem die Urwunde konstituiert wird, live nachvollziehen. Wir sehen, wie eine alltägliche Situation zu einer Überlebensdramatik wird und so eine Mechanik in Gang setzt, die in eine Annahme über mich selbst mündet und deren Merkmal es ist, dass mit mir grundsätzlich etwas nicht stimmt.

ÜBUNG

Was ist das schmerzhafteste Ereignis in meiner Kindheit?

Schließe deine Augen für einen Moment. Atme dreimal tief ein und aus und lasse alles, was dich bisher heute beschäftigt hat, für diesen Augenblick ziehen. Nun stelle dir die Frage und erlaube, dass in deiner Erinnerung Bilder deiner Kindheit auftauchen. Erzwinge nichts, alles, was jetzt auftaucht, ist in Ordnung und hat seinen Platz in dir.

Was ist das schmerzhafteste Ereignis in meiner Kindheit? Wo hat etwas nicht gestimmt? In welcher Situation waren geliebte Menschen, Mutter, Vater, Geschwister böse mit mir? Wie haben sie mich behandelt? Beobachte die Bilder, die kommen, die Gefühle die kommen. Vielleicht spürst du einen Schmerz?

Schreibe jetzt in detaillierten Formulierungen auf, was du gesehen und gespürt hast und beende damit diese Übung für diesen Moment.

Mehr Klarheit bekommst du, wenn du diese Übung nach ein paar Tagen wiederholst und schaust, ob sich dasselbe wieder präsentiert oder neue Szenen dazukommen.

Der emotionale Schmerz, den der kleine Markus empfindet, wird in Wahrheit ausgelöst durch das Verhalten der Mutter und ist darin begründet, dass ein essenzielles Bedürfnis nicht erfüllt wird. Der Schmerz kann als ein Alarmsignal betrachtet werden, ein Signal, das Handlung anstoßen soll, um das Überleben sicherzustellen. Der Reflex zur Übernahme der Verantwortung überschreibt dann jedoch die Wahrheit des Schmerzes mit der Annahme des Kindes über sich selbst, im Falle des kleinen Markus „Ich genüge nicht." Es hat also eine Umkehrung der Kausalität stattgefunden. War ursprünglich der Schmerz der Auslöser, woraufhin die Annahme über sich selbst konstruiert wurde, wird nun diese Annahme als Grund für den Schmerz in der Erinnerung abgespeichert. Eine Annahme über mich selbst, die ich für wahr halte und glaube, wird dann zu einem Glaubenssatz, an dem sich mein Leben ausrichten wird.

Jeder von uns hat in seinem Leben bereits schwierige oder sogar traumatische Momente erlebt. Um diese Erfahrungen verkraften zu können, hat unser Verstand spontane Bewältigungsstrategien entwickelt. Wenn wir in unserer Kindheit in einer bestimmten Situation mehr Schmerz erlebten, als wir ertragen konnten, hat unser Verstand einen Glaubenssatz formuliert, der uns befähigte, diese Situation emotional so gut wie möglich zu überleben.

Wächst ein Kind in einer dysfunktionalen Familie auf, überfordert es die Psyche des Kindes, sich der Tatsache zu stellen, dass die Eltern nicht in der Lage sind, das Kind bedingungslos zu versorgen. Dieses Wissen wäre so bedrohlich für sein Wohlergehen, dass sein Verstand eine weniger bedrohliche Geschichte darüber erfindet, warum sich die Eltern ihm gegenüber so verhalten, wie sie es tun. Statt das Unvermögen der Eltern zu sehen, formt das Kind einen Glauben über sich selbst, nämlich dass mit ihm etwas nicht richtig ist.

Diese Strategien sind in der Kindheit hilfreich, um kritische Situationen zu überstehen. Als Erwachsene stehen sie unserer weiteren Entwicklung und Erfüllung als Hindernis im Weg. Dabei haben wir einfach vergessen, was wir als Kinder über uns beschlossen haben und bis heute im Grunde unseres Herzens als Wahrheit über uns glauben.

In solchen Momenten Glaubenssätze über uns zu formulieren, hilft uns, diese Erfahrung zu verkraften und schwierige Zeiten durchzustehen. Zwar beginnen wir diese Glaubensmuster in der Kindheit, doch können sie sich im späteren Leben verfestigen.

~ Adyashanti

Glaubenssätze sind das Skelett unseres Selbstbildes, der Grundriss unseres Egos. Wie oben bereits erwähnt, kann die Urwunde als Grundsteinlegung unseres Egos verstanden werden.

Der kindliche Beschluss über mich selbst, dass mit mir fundamental etwas nicht stimmt, ist die Saat, aus der im weiteren Leben andere Glaubensätze sprießen, die von derselben Art und Sorte sind. So wird ein konsistentes Selbstbild erschaffen, das in sich so stimmig ist, dass es bei oberflächlicher Betrachtung keinen Zweifel an seiner Richtigkeit bietet. Mehr noch: das Selbstbild, das im Zusammenhang mit der Urwunde entsteht, wird auch deswegen nie in Frage gestellt, weil es der Retter in einer dramatischen Überlebenssituation war. Dieses Selbstbild (in Form des Glaubenssatzes über mich selbst) befähigte uns, zu überleben. Insofern ist es aus Sicht des Geretteten völlig absurd, seinen Retter in Frage zu stellen. Im Gegenteil: wir schützen, ehren und verteidigen ihn. Und das ist genau das, was wir als Erwachsene immer wieder erleben.

Wir halten die Wirkung unserer Urwunde am Leben, indem wir sie nähren. Doch wie machen wir das? In erster Linie machen wir das unbewusst. Das ist die Grundvoraussetzung. Wir schützen unsere Urwunde, indem wir so gut es geht vermeiden, dass sie berührt wird. Berühren meint hier, das Gefühl von Ablehnung, Trennung oder Getrenntheit zu spüren, also den emotionalen Schmerz, der damals zu groß und überwältigend erschien. Indem wir vermeiden, unsere Urwunde zu spüren, schützen wir sie davor, ins Licht des Bewusstseins zu geraten, was wiederum dazu führt, dass wir sie nicht spüren. Das entspricht einem selbsterhaltenden System, das, solange es nicht aufgedeckt wird, ein ganzes Leben lang wirkt.

Die Urwunde verkörpert den Kern unseres Egos. Die meisten Menschen sind so sehr mit ihrem Ego identifiziert, dass sie glauben, ihr Ego zu sein. Vielleicht ist der Grad dieser Identifikation abhängig von der initialen Dramatik der Urwunde, also davon, wie tief wir von Kind an unsere Annahme über uns selbst geglaubt haben, wie tief sie zu einer unumstößlichen Wahrheit in uns wurde. Aus Sicht des Egos ist es existenziell, dass die

Wahrheit seines Kerns nicht ins Licht des Bewusstseins kommt, denn dies wäre gleichbedeutend mit seinem Tod.

BEISPIEL

Angi ist siebenundsechzig Jahre alt. Sie lebt in einem Mehrfamilienhaus und kümmert sich häufig in Eigenregie um Belange der Hausgemeinschaft. Sie sieht sich selbst als „guter Geist" des Hauses, der unter anderem für Ruhe und Ordnung sorgt. In ihrem Leben gibt es eine Vielzahl von Regeln. Sie steht morgens immer zur selben Uhrzeit auf und geht abends zur selben Zeit ins Bett. Montags geht sie für die ganze Woche einkaufen, dienstags wird die Wohnung geputzt und donnerstags ist Waschtag. Ihr Ego basiert unter anderem auf der Annahme, dass Regeln im Leben wichtig sind und befolgt werden müssen.

Im begrünten Innenhof des Hauses gibt es eine Wasserentnahmestelle und eine Gießkanne für die Gemeinschaft, damit die Pflanzen im Hof mit Wasser versorgt werden können. Nach Angis Auffassung gibt es eine Regel, die besagt, dass derjenige, der die Gießkanne benutzt, diese am Ende wieder mit Wasser befüllt – als freundliche Geste für den Nächsten sozusagen.

Sie hält sich jedenfalls an diese Regel. „Na das ist doch selbstverständlich. Das macht man so!", antwortet sie, wenn man sie fragt, woher diese Regel kommt.

Chris wohnt ebenfalls in dem Haus. Er benutzt die Gießkanne, um Pflanzen draußen vor dem Haus zu gießen, die er dort gepflanzt hat. Urban Gardening. Für gewöhnlich tut er dies spät abends, nachdem er nachhause gekommen ist. Nach dem Gießen füllt er die Gießkanne nicht wieder mit Wasser auf, denn er möchte niemanden mit diesem Geräusch stören. Du kannst dir vielleicht vorstellen, was jetzt passiert: Angi ist außer sich!

Unser Ego ist eine Idee, die wir von uns haben. Die Idee davon, wer wir sind. Diese simple Tatsache mit unserem ganzen Sein zu erkennen, ist der Schlüssel zu unserer Essenz. Das Ego ist in Wahrheit nicht mehr, als ein Konglomerat von Ich-Gedanken, die uns so sehr in Fleisch und Blut übergegangen sind, dass wir sie nicht mehr wahrnehmen und daher nicht in Frage stellen.

Angi reagiert beleidigt und pampig. Ihr Ego ist verletzt, denn in Wirklichkeit ist diese ganze Gießkannen-Regel und ihre Haltung, dass es sich um eine freundliche Geste handelt, nur dazu da, ihr Selbstbild einer freundlichen, zuvorkommenden Person zu stärken. Es ist eine selbsterrichtete Festung in Angis Persönlichkeitslandschaft. Die Missachtung der Regel durch Chris kommt einem Angriff auf Angis Ego-Bastion gleich. Und was machen wir, wenn wir uns angegriffen fühlen? Wir verteidigen uns! Angi wehrt sich, indem sie lästert. Das ist die Triggerreaktion im Essenz-Modell.

„Na und?", wirst du vielleicht sagen. „So etwas passiert doch überall die ganze Zeit."

Und ich sage: Ja eben, ganz genau! Wir sind an diese Reaktionsmechanismen in uns selbst und in anderen so sehr gewöhnt, dass wir ihre Herkunft und Wirklichkeit gar nicht mehr bemerken. Wir halten sie für normal und neigen dazu, uns für sie zu rechtfertigen, um ja sicherzustellen, dass jenes Bild von uns, das wir so lange und so akribisch aufgebaut haben, gewahrt bleibt. Wir suchen sogar Gleichgesinnte, bilden Vereine und Parteien, Religionen und Facebook Gruppen, um uns immer wieder in dieser Rechtfertigung zu stärken.

Wieso tun wir das? Wieso ist dieses Bild von uns für uns so wichtig, dass wir es permanent schützen müssen? Im Essenz-Modell nennen wir diese Art des Schutzmechanismus „Trigger-Reaktion", die wir in Kapitel 4 genauer betrachten werden. Die Trigger-Reaktion wird immer dann ausgelöst, wenn ein anderer unserer Urwunde durch Worte und/oder Verhalten so nah kommt, dass wir sie deutlich spüren und emotional in unsere damalige, kindliche Wahrnehmung der Existenzbedrohung zurückgeworfen werden ohne es bewusst wahrzunehmen.

Angi vermeidet durch ihr wehrhaftes Verhalten, dass ihre Grundannahme über sich selbst an die Oberfläche ihres Bewusstseins gelangt. Noch größer ist hier sogar die Angst davor, diese Annahme der eigenen Unzulänglichkeit könne anderen bewusst werden. Ihre Urwunde ist „Ich bin nichts wert". Durch Chris Missachtung der Gießkannen-Regel ist diese Urwunde „getriggert", was bedeutet, dass die erwachsene Angi das Geschehen nun unbewusst aus der kindlichen Perspektive der kleinen Angi erlebt - also wie zum Zeitpunkt der ehemaligen Entstehung ihrer Urwunde.

Der Wechsel der Selbstwahrnehmung im Moment der Trigger-Reaktion findet so subtil und nahtlos statt, dass wir ihn als Betroffene überhaupt nicht mitbekommen. Wir befinden uns dann plötzlich in der Absolutheit kindlichen Erlebens. Unsere vollkommene Identifizierung mit diesem Zustand erlaubt es uns nicht, die Wahrheit dahinter zu sehen und diese Realitätsblase bewusst zu verlassen.

Und was sagt Chris? Er will die Gießkanne nachts nicht mehr auffüllen, weil er glaubt, dass das Geräusch zu laut wäre und die

Nachbarn stören würde. Chris Urwunde ist: „Ich bin nicht richtig!" Und seine Überlebensstrategie lautet: „Ich muss brav sein!"

BEISPIELE

Thomas sitzt im vollen Bus. Als sich der Bus deutlich leert, setzt sich der Sitznachbar woanders hin.

Thomas (innerer Dialog)

„Stimmt etwas nicht mit mir? Vielleicht rieche ich seltsam…"

Georg geht zum Yoga. Er betritt den Raum und rollt auf einer freien Stelle neben Peter und Eva seine Yogamatte aus. Im selben Moment nimmt Eva ihre Matte und rückt sie ein ganzes Stück weiter nach vorn.

Georg *(innerer Dialog)*

„Was habe ich jetzt wieder falsch gemacht? Wahrscheinlich steht sie nicht auf Männer."

Peter (innerer Dialog)

„Cool, jetzt habe ich noch mehr Platz!"

Eva (innerer Dialog)

„Hoffentlich schaut mir keiner zu. Sonst merken alle, wie schlecht ich bin. Lieber etwas Abstand halten."

Die unbewussten Kräfte in uns, die konzentrisch um unsere Urwunde herum wirken, arbeiten im Team zusammen, in der Absicht, unser psychisches Überleben zu sichern. Es ist ein Programm, das installiert und gestartet wurde, als wir in frühen Jahren eine für uns dramatische Situation erlebten und unser Verstand eine Lösung suchte, die uns handlungsfähig machte. Dieses Programm läuft noch immer. Es hält sich selbst am Leben, indem es seine Daseinsberechtigung kontinuierlich selbst bestätigt. Der Hauptakteur in diesem Kreislauf ist - neben der Urwunde - unsere Überlebensstrategie.

Jürgen, 40 Jahre, Führungskraft

Ich heiße Jürgen und bin technische Führungskraft als Abteilungsleiter in einem weltweit tätigen Familienunternehmen.

Ausgehend vorangegangener Fortbildungsmaßnahmen im Bereich Konfliktmanagement, kannte ich Jürgen Dluzniewski mit seiner positiven Art bereits.

Dies und die Überzeugung für sein Können, Unbewusstes bewusst zu machen, erleichterte mir die Entscheidung, im Rahmen eines Personal-Coachings erneut auf Jürgen Dluzniewski zurückzugreifen. Denn die Vertrauensbasis bestand auf beiden Seiten. Gemeinsam wurde in diversen Sitzungen eine schwierige, dienstliche Gesamtsituation aufgearbeitet und am Beispiel des Essenz-Modells die persönliche Urwunde, Trigger-Reaktion, Belohnung, Überlebensstrategie, Werte, Einzigartigkeit und mein Beitrag für die Welt mit der Lebensaufgabe herausgearbeitet.

Als eine Grundvoraussetzung für den nachhaltigen Erfolg der Coaching-Maßnahme, erachte ich persönlich unter anderem die Offenheit sich vorbehaltlos auf diese Themen einzulassen. Verbunden mit der Bereitschaft, die gewonnenen Erkenntnisse zu verinnerlichen und im privaten, wie dienstlichen Alltag anwenden zu wollen.

Geholfen haben mir dabei jahrzehntelange Erfahrung mit autogenem Training im schießsportlichen Hobby.

Durch das Erkennen der Urwunde aus der Kindheit (in meinem Fall: Ich halte mich für hilflos) gewinnen mit einem Mal viele Verhaltensmuster und alltägliche Situationen (dienstlich wie privat) an Klarheit und Transparenz. Und lassen diese Situationen in einem besseren Licht erscheinen.

Unter anderem verstand ich nicht nur meine Verhaltensweisen in bestimmten Situationen, sondern auch meine sich daraus ergebende Wirkung auf Mitmenschen und Kollegen. Diese Verhaltensweisen, etc. lassen sich nun im Sinne einer Sache gezielter steuern.

Meine Urwunde entstand durch mein Handicap: eine beidseitige Schwerhörigkeit. In meinem vierten Lebensjahr hatte ich eine schwere

Ohrenerkrankungen, welche noch nicht dem medizinischem Wissensstand entsprechend betreut werden konnten, wie es in der heutigen Zeit der Fall ist.

Erschwerend hinzu kam dabei, dass auch die Versorgung mit Hörhilfen, verglichen mit dem derzeitigen Stand, einfach schlecht war, und mit heute überhaupt nicht mehr vergleichbar ist.

Daraus resultierte, dass ich im Kindergarten logopädischen Unterricht erhielt, während andere Kinder draußen spielen durften.

Erinnern tue ich mich an eine Schlüsselszene zum Beginn der Grundschule, als ich bei einem Diktat im Deutschunterricht fast keinen Satz richtig geschrieben habe.

Weil schlichtweg die Worte des Lehrers, auch infolge ungünstiger Sitzposition zum vortragenden Lehrer, einfach nicht richtig verstanden wurden. Und nicht, weil ich es nicht konnte. Es war mir vollkommen klar: „Ich bin hilflos!"

In Rücksprache zwischen der Lehrkraft und meinen Eltern, wurden privat weitere Diktate geübt, ich bekam einen anderen Sitzplatz in der Nähe des Lehrers und eine Diktatwiederholung, die deutlich besser lief.

In der weiteren Entwicklung wurde durch ein hohes privates Lernpensum mit dem Aufbau eines entsprechenden Wort- und Hörschatzes das Defizit bzw. die sich ergebende Einschränkung der Schwerhörigkeit im Vergleich mit normalhörenden Kindern ausgeglichen. Ich musste mehr tun als andere Kinder, um das Gleiche zu erreichen.

Dies ließ mich sehr früh auch Verzicht lernen, um auf ein Ziel hinzuarbeiten und dies zu erreichen.

So zogen sich durchschnittliche, schulische Leistungen trotz sehr hohem Lernpensum, wie ein roter Faden bis zum Beginn der neunten Klasse der Realschule.

Es waren Schuljahre „mit angezogener Handbremse“, denn auf allen Elternabenden bekamen meine Eltern von den Lehrkräften das Signal: „Der Junge kann mehr als er zeigt.“

Über der Standardversorgung liegende Hörgeräte, wurden von den Kassen nicht getragen, trotz großer Anstrengungen meiner Eltern in dieser Hinsicht.

Ich wusste ganz instinktiv, dass ich hilflos bin (Urwunde), dass ich es aber nicht bleiben will. Und das geht nur, wenn ich auf meine Eltern höre. Deshalb war mir ganz klar: Ich muss auf sie hören und ihnen treu sein. Im Coaching erkannte ich, dass dies meine Überlebensstrategie darstellt: „Ich muss der treue Soldat sein!“

Ende der achten, Anfang der neunten Klasse ermöglichten mir meine Eltern durch Mehrarbeit und Überstunden neue Hinter-dem-Ohr – Hörgeräte (HdO) mit deutlich verbessertem Technikstand, als die der Vorgängerversionen.

Mit dieser Hörgerätegeneration platzte der sprichwörtliche Knoten, da ich nicht nur besser hören, sondern auch deutlich besser verstehen konnte.

Damit einher ging eine Explosion der schulischen Leistungen, welche im besten Abschlusszeugnis aller vier zehnten Klassen und einer Auszeichnung durch den Schuldirektor mündete.

Durch selbst verdientes Geld und Unterstützung meiner Eltern, wurden erneut neue Hörgeräte, in diesem Fall In-dem-Ohr-Geräte (IdO) angeschafft.

Selbige brachten eine nochmalige Verbesserung mit sich und gingen dem natürlichen Hören sehr nahe.

Die Funktion der Überlebensstrategie

Wir kennen es aus dem Bereich der körperlichen Schmerzen: sobald wir einen Schmerz empfinden, versuchen wir, ihn instinktiv zu vermeiden. Je größer der Schmerz ist, desto radikaler sind unsere Vermeidungsstrategien. Schmerz ist ein Phänomen, das wir nicht erleben wollen. Wir nehmen Schmerzmittel, gehen zum Arzt oder versuchen, uns so gut es geht von Schmerzen abzulenken. Wenn möglich, beispielsweise bei einem Hexenschuss, nehmen wir eine Schonhaltung ein, die dazu dienen soll, den aktuellen Schmerz zu lindern bzw. weitere Schmerzen zu verhindern.

Nicht anders begegnen wir dem Schmerz unserer Urwunde: nämlich durch Vermeidung. Genauer noch, durch eine Vermeidungsstrategie. Im Essenz-Modell wird diese Strategie als „Überlebensstrategie" bezeichnet, da sie das im Kontext der Urwunde bedrohte Überleben sichern soll. Bei der Erarbeitung des Essenz-Modells mit meinen Klienten, zeigt sich immer wieder und ausnahmslos, dass die Überlebensstrategie der Gegenspieler der Urwunde ist.

Im Falle von Jürgen ist die Urwunde: „Ich bin hilflos" wegen der Schwerhörigkeit. Und die Überlebensstrategie lautet: „Ich muss der treue Soldat sein!" In meinem eigenen Fall ist die Urwunde „Ich bin nicht gut genug" und meine Überlebensstrategie lautet „Ich muss perfekt sein". Die Urwunde des kleinen Markus aus dem Beispiel zu Anfang des Kapitels ist „Ich genüge nicht", seine Überlebensstrategie wurde „Ich muss die Erwartungen übertreffen". Wieder ein anderer meiner Klienten hat die Urwunde

„Ich bin klein und schwach", worauf die Überlebensstrategie „Ich muss mich durchsetzen" entstanden ist.

Erkennst du das Muster in diesen Paarungen aus Urwunde und Überlebensstrategie? Die Überlebensstrategie ist meist das komplementäre Element zu der in der Urwunde formulierten Annahme über uns selbst. In gewisser Weise ist sie eine Funktion in unserer Persönlichkeit, die darauf ausgerichtet ist, die durch die Urwunde verloren geglaubte Ganzheit zurück zu erlangen. Sie ist zum einen Schutzfunktion, um den Schmerz der Urwunde nicht zu spüren, zum anderen die Absicht, das vermeintliche Defizit in uns durch zielgerichtete Handlung auszugleichen. Während die Trigger-Reaktion eine unmittelbare Taktik und Aktion zum Schutz der Urwunde darstellt (defensiv), kann die Überlebensstrategie als generelle, globale Strategie (offensiv), als Blaupause unserer Handlungsmotivation, gesehen werden. Die genaue Entstehung, der Nutzen in unserem Leben und die Rolle der Überlebensstrategie im Kontext des Quadrats des Überlebens wird im nächsten Kapitel ausführlich behandelt. Bleiben wir aber noch einen Moment bei der Urwunde und ihren psychologischen Besonderheiten.

Der Reflex der Ablenkung

Es gibt eine Art Reflex des Verstands in dem Augenblick weg zu sehen, in dem wir unsere Urwunde anschauen wollen. Es ist ein konditionierter, ein erlernter Reflex, der uns zum einen vor der Wahrnehmung des Schmerzes schützen soll, zum anderen jedoch auch die Saat unseres unbewussten Selbstbilds verschleiert. Dieser Reflex kann zum Beispiel als Defokussierung (z. B. in Form von willkürlichen Gedankensprüngen) wahrgenommen werden oder sich als Eindruck einer Vernebelung des Geistes zeigen. Die Wahrscheinlichkeit für diesen Reflex und seine Effekte ist direkt proportional dazu, wie nah wir in einem bestimmten Moment der Wahrheit unserer Urwunde kommen. Je näher wir der Erkenntnis unseres ursprünglichen Schmerzes und damit auch einen Schritt näher der Enttarnung der Wurzel unseres Egos kommen, umso deutlicher kann diese Reflexreaktion ausfallen.

Das klingt für dich nun vielleicht erstmal wie etwas Negatives, wie ein Problem, das es zu lösen oder zu vermeiden gilt. Beides wäre ungünstig. Sowohl das Vermeiden des Reflexes, als auch der Versuch, ihn aufzulösen, wäre in sich bereits ein Folgen im Sinne des Reflexes, nämlich von der Urwunde abzulenken. In beiden Fällen würden wir als Reaktion auf den Reflex etwas anderes tun, als die Urwunde bewusst anzusehen. Es ist ein bisschen wie die Prüfung des Helden in einem Märchen, die darin besteht, dem Ungeheuer in die Augen zu schauen, anstatt instinktiv davonzulaufen. In dem Moment, in dem der Held sich nicht beirren lässt und dem Ungeheuer mutig und entschlossen gegenübertritt, lässt es sich zähmen und der Weg ist frei.

Unsere Herausforderung hier ist ähnlich: wenn wir den Reflex einfach beobachten, ohne seiner Absicht zu folgen, verliert er seine Wirkung und die Sicht auf unsere Urwunde klärt sich. Es mag sein, dass wir mehrmals an diesen Punkt kommen. Die Anweisung ist immer dieselbe: Bewusst wahrnehmen und liebevoll beobachten, was passiert. Der Ablenkungsreflex ist Teil unserer Urwunde. Da wir unsere Urwunde kennenlernen wollen, gehört es auch dazu, unsere Abwehrmechanismen von der Urwunde kennenzulernen. Das ist quasi ein und dasselbe Paket.

Die Gewohnheit, den Impulsen und Reaktionen unseres Verstands zu folgen, mag mitunter recht stark sein, so dass es uns anfangs möglicherweise gar nicht auffällt oder unklar ist, dass wir uns in einer Reflexreaktion befinden. Die Phänomene wiederum sind jedoch zuverlässige Hinweisgeber: Plötzliche Gedankensprünge, spontane Unlust oder Müdigkeit, das Gefühl von geistigem Nebel - dies sind deutliche Anzeichen dafür, dass sich unser Verstand im Ablenkungsmanöver befindet. Je öfter wir diesem Zustand bewusst begegnen, desto mehr verliert er an Überzeugungskraft und damit an Wirkung. Ich weise an dieser Stelle vorsorglich auf solche konditionierten Reflexverhalten hin und beschreibe mögliche Ausprägungen, damit du nicht überrascht bist oder dich überwältigt fühlst, falls du solch einen Reflex bei dir feststellst. Ich möchte das Thema aber auch nicht zu groß erscheinen lassen. Es kann passieren, muss aber nicht. Wenn es passiert, ist es eine normale, erlernte Reaktion des Verstands, die du schlicht beobachten und wahrnehmen kannst. Es ist weder gefährlich, noch sensationell, noch bedenklich, noch letztendlich bedeutend - wie eine Fata Morgana.

Was die Urwunde wirklich ist

Bis wir die Natur der Urwunde wirklich verstanden und durchschaut haben, drehen wir uns um das Thema Schmerz und Vermeidung. Der Verstand versucht uns auch jetzt zu helfen. Er hat das Wort „Urwunde" gehört und erzeugt daraufhin die Vorstellung einer tatsächlichen Wunde, die mit physischen Schmerzen verbunden ist. Vielleicht assoziiert er neben unseren persönlichen Erinnerungen auch Seelenqualen und leidvolle Bilder aus Filmen, die wir irgendwann einmal gesehen haben. Dabei ist die Urwunde letztendlich nicht mehr, als ein mit Identität aufgeladener Glaubenssatz über uns selbst. Aber eben auch nicht weniger.

Unbewusste Glaubensätze sind machtvoll und können einen Großteil unseres Lebens und Erlebens steuern, ohne dass wir uns dessen bewusst sind. Wir fühlen uns wie ein Spielball unserer Gefühle und Emotionen und der Umstände, in denen wir leben.

Wenn unbewusste Glaubensätze herrschen, fühlen wir uns oftmals ungerecht behandelt, abgelehnt, ungeliebt, beschämt und vom Leben mehr oder weniger gebeutelt. Wir haben entweder das Gefühl, wenig bis keine Kontrolle zu haben und fühlen uns als Opfer. Oder wir haben den Eindruck, alles unter Kontrolle zu haben, zu beherrschen, Macht zu haben und fühlen uns als Macher. Beide Versionen sind wie zwei Seiten ein und derselben Medaille, zwei mögliche Polaritäten im Quadrat des Überlebens, in dem „Ich“, das Ego, immer die zentrale Figur spielt.

Manchmal, wenn unser Ego-Gebilde in einer außerordentlichen Heftigkeit erschüttert wird, wachen wir für einen Moment aus der Trance unserer unbewussten Programme auf und beginnen, die Realität unseres Selbstbildes zu hinterfragen. Für gewöhnlich sind dies dramatische Wendungen in unserem Leben: schwere Krankheit, Schicksalsschläge, Verlust von geliebten Menschen, Burnout, Lebenskrise. Doch selbst dann ist nicht garantiert, dass wir gänzlich aufwachen. Denn wir neigen aus Gewohnheit dazu, so weiterzumachen, wie bisher. Dieses Momentum kann trotz deutlicher Eruptionen in unserem Leben unsere Bewusstwerdung noch für eine ganze Weile verhindern, und zwar so lange, bis ein Grad des inneren Leidens unter unseren eigenen Mechaniken erreicht ist, der nicht mehr länger zu ertragen ist.

Nicht wir haben Geheimnisse,
die wirklichen Geheimnisse haben uns!

~ Carl Gustav Jung

KAPITEL ZWEI

DIE ÜBERLEBENSSTRATEGIE

2

Wie im vorherigen Kapitel kurz angerissen, stehen Urwunde und Überlebensstrategie in direkter, komplementärer Beziehung zueinander. Man könnte die beiden auch als das „Yin-Yang" des Quadrats des Überlebes bezeichnen, wobei die Urwunde den weiblichen und die Überlebensstrategie den männlichen Aspekt in diesem System verkörpert.

Die energetische Qualität der Urwunde ist eine nach innen gerichtete, was dem weiblichen Prinzip entspricht. Sie repräsentiert eine Bewegung von außen nach innen - von der Welt als Ursache meines Schmerzes, zu mir selbst als Grund meines Schmerzes und dem resultierenden Glaubenssatz über mich selbst

(z. B. „Ich genüge nicht"). Analog dazu weist die Überlebensstrategie eine energetische Bewegungsrichtung von innen nach außen auf. Dabei ist der Ausgangspunkt meine Grundannahme über mich selbst (innen) und das angestrebte Resultat der Strategie eine verbesserte Version von mir selbst in der Welt (außen). Eine Version, die besser überlebt, als die Version, der die Urwunde zugefügt wurde.

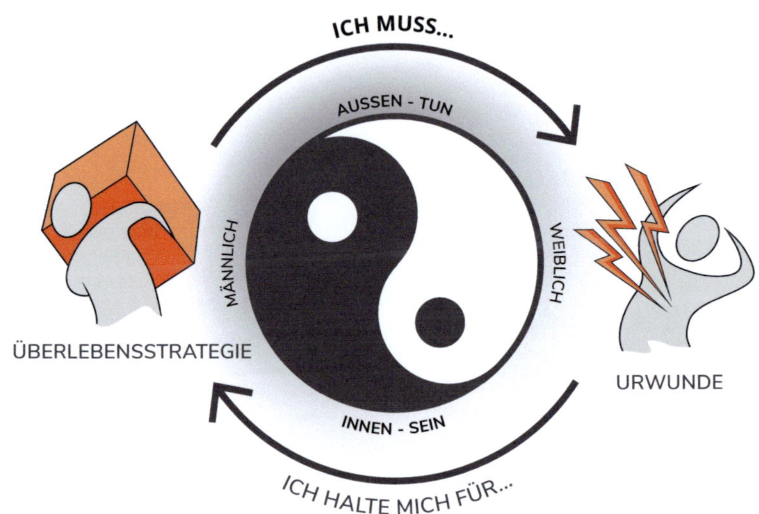

Während bei der Formung der Urwunde die Frage „Warum passiert mir das?" von unserem Verstand beantwortet wird, ist es bei der Entstehung der Überlebensstrategie die Frage „Was muss ich tun, damit ich diesen Schmerz nie wieder spüre?" Die Antwort auf die Frage der Urwunde ist eine Aussage über mich selbst, eine Annahme darüber, wer ich bin. Die Antwort auf die zweite Frage ist eine Annahme darüber, was ich tun muss, um diesen schmerzhaften Aspekt meines Seins zu vermeiden bzw. wettzumachen. Ein logischer Schluss auf Basis der Urwunde.

Schauen wir uns nochmal ganz in Ruhe den Moment an, in dem die Urwunde entsteht: Wir sind ein Kind und erleben diese bedrohliche, traumatische Situation, deren Ursache wir, aus unserer unschuldigen Perspektive heraus, nicht verstehen. Gleichzeitig fühlen wir diesen extremen inneren Schmerz der Getrenntheit und Verlassenheit. Wir sind handlungsunfähig und es ist mehr, als wir aushalten können. Da kommt uns unser Verstand zur Hilfe und erfindet einen Grund für diese tragische Situation - einen Grund in uns selbst. Die Logik: wenn der Grund in uns selbst liegt, können wir ihn auch verändern. Der angenommene Grund ist also eine Erklärung für die Situation, nicht aber deren Auflösung und Veränderung!

Mit der gefundenen Ursache ist Handlungsfähigkeit hergestellt. Aber wie soll ich nun handeln, um aus dieser bedrohlichen Lage herauszukommen? Unser Verstand führt seine Logik fort: „Mit einem Verhalten, das funktioniert." Das ist nicht nur simple Logik, sondern ebenfalls eine sehr schnelle und intelligente Logik. Und genau diese brauchen wir in solch einer überlebensbedrohlichen Situation. Hier nun wird der nächste, integrale Glaubenssatz geboren: unsere Überlebensstrategie. Wir beschließen, was wir fortan tun müssen, um zu überleben. Im kindlichen Erleben dieses Ereignisses bedeutet überleben, sich wieder stark, erfüllt, geliebt, vereint und in Frieden zu fühlen. Dies sind allesamt seelische Grundbedürfnisse. Ich hatte schon im ersten Kapitel erwähnt, wie in der kindlichen Wahrnehmung aus einer relativen Situation ein absoluter, genereller Eindruck wird. Es ist daher so wichtig, zu verstehen, welche Dimension die Überlebensstrategie in unserem Leben einnimmt.

Solange die Überlebensstrategie unbewusst in uns abläuft, ist sie keine Option unter mehreren Alternativen, aus denen wir situationsbedingt wählen. Nein, sie ist ein Imperativ, der unsere Entscheidungen und Handlungen vorschreibt: „Ich muss!"

Das familiäre Element der Überlebensstrategie

Als Kinder lernen wir primär von unseren Eltern. Diese Orientierung ist in der Natur angelegt und nicht nur bei Menschen, sondern bei nahezu allen Säugetieren zu beobachten. Für das physische Überleben ist dies eine absolut sinnvolle Funktion. Vor tausenden von Jahren hätten wir von unseren Eltern wahrscheinlich gelernt, wie man jagt, ein Tier erlegt, welche Pflanzen essbar sind und wie man Feuer macht. Da heutzutage das Überleben als Mensch vor allem von sozialen Faktoren abhängt, schauen wir uns von unseren Eltern entsprechende Verhaltensweisen ab. Wir lernen von unseren Eltern, wie man sich im gesellschaftlichen Überleben strategisch verhält - innerhalb der Familie, gegenüber Nachbarn, Freunden und sogenannten „Fremden". Wir können sagen, dass die Verhaltensweisen unserer Eltern die Grundschwingung bilden, innerhalb derer sich unsere Überlebensstrategie bildet.

In vielen Fällen werden somit Strategien gewählt, die sich schon in der Familie bewährt haben: Musste der Vater perfekt sein, muss es auch der Sohn. Hat die Mutter es schon allen recht gemacht, folgt ihr auch die Tochter. Warum ist das so? Weil wir als Kinder zu unseren Eltern aufschauen und ihre Entscheidungen und Handlungen nicht kritisch hinterfragen, so wie wir es als Erwachsene tun. Unsere Eltern sind in frühen Jahren der Nabel unserer Welt. Sie wissen alles, können alles und sind unfehlbar. Wir vertrauen ihnen und kopieren bedingungslos. Unsere übernommenen Strategien müssen nicht zwangsläufig exakt deckungsgleich mit denen unserer Eltern sein, sie sind jedoch in den meisten Fällen stark verwandt. Sie haben gewissermaßen dieselbe energetische Schwingung, dieselbe innere Qualität des Selbstgefühls.

Es gibt allerdings auch Mechaniken, die auf den ersten Blick sehr abstrus erscheinen. Jürgen, der Abteilungsleiter, der seine Urwunde als „Ich bin hilflos" erkannt hat, muss in seiner

Überlebensstrategie der „treue Soldat“ sein. Doch beim genaueren Hinsehen hat auch diese Dynamik eine tiefe innere Logik: Der treue Soldat ist niemals hilflos, weil seine Loyalität immer durch den Schutz der Eltern, später des Generals oder des Königs, belohnt wird. Damit wird er nie wieder verwundbar sein. Seine Obrigkeitstreue scheint einen bestimmten Verlust von Selbstbestimmung und Freiheit zu bedeuten, doch für den treuen Soldaten ist dies ein Preis, den er zu zahlen bereit ist, wenn er sich dadurch sicher und geschützt fühlen kann.

Die innere Autorität des Ich-Muss

In unseren Gedanken und Glaubenssätzen ist unsere Überlebensstrategie als Ich-Muss-Aussage formuliert. Wie der Begriff bereits sagt, bekunden solche Aussagen die Annahme, dass ich etwas Bestimmtes tun muss. Tatsächlich kreisen jeden Tag eine Vielzahl unterschiedlichster Ich-Muss-Sätze in unserem Geist. Um unserer Überlebensstrategie auf die Spur zu kommen, ist es wichtig, unsere alltäglichen, aktionsgebundenen Ich-Muss-Gedanken auszusieben. Diese Sorte der Ich-Muss-Annahmen schränkt uns zwar auch in unserer individuellen Freiheit ein, färbt die Wahrnehmung unseres Daseins in der Welt und hemmt die Entfaltung unseres tieferen Selbst, aber sie spielt keine fundamentale Rolle bei der Erfindung unseres mentalen Selbstporträts.

Aktionsgebundene Ich-Muss-Gedanken sind rein praktischer Natur, häufig durch gesellschaftliche Regeln und Konventionen konditionierte Handlungsvorgaben, auf die wir mitunter mit innerem Widerstand und/oder Unlust reagieren. Nachfolgend einige Beispiele dieses Typs von Ich-Muss-Formulierungen. Du wirst sicher die eine oder andere aus deinen eigenen Gedanken kennen. Mach dir beim Lesen dieser Sätze klar, dass jede dieser

Aussagen ein direktes Handlungsziel hat. Die Beispiele dienen dazu, im ersten Schritt zu erkennen, was unsere Überlebensstrategie nicht ist.

BEISPIELE

- Ich muss morgen um 7 Uhr aufstehen.
- Ich muss heute noch einkaufen gehen.
- Ich muss mal wieder zum Frisör.
- Ich muss meine Mutter anrufen.
- Ich muss unbedingt meine Steuererklärung machen.
- Ich muss endlich wieder mit Sport anfangen.
- Ich muss dringend abnehmen.
- Ich muss meine Hausaufgaben machen.
- Ich muss morgen zum Training.
- Am Sonntag muss ich zu meinen Großeltern.
- Ich muss noch Weihnachtsgeschenke besorgen.
- Ich muss lernen, auf Menschen zuzugehen.
- Ich muss mich beeilen.
- Ich muss heute noch etwas essen.

Alle Ich-Muss-Formulierungen haben gemein, dass sie von einer inneren, autoritären Instanz kommen, die wir nicht hinterfragen. Wenn ein Ich-Muss-Gedanke auftaucht, fragen wir für gewöhnlich nicht „Muss ich das wirklich?“ oder „Bin ich wirklich sicher, dass ich das muss?“ Wir nehmen den Gedanken als wahr hin und reagieren auf ihn entweder, indem wir ihn befolgen oder uns gegen ihn auflehnen. Seine Legitimation stellen wir nicht in Frage. Und mit jedem Ich-Muss-Gedanken, den wir auf diese Weise bevollmächtigen, uns zu steuern, erlauben wir dem nächsten bereits, dasselbe zu tun. So entsteht ein Kreislauf aus sich selbst bestätigenden Gedanken, die sich durch unsere unkritische Hinnahme immer tiefer in unserem Unterbewusstsein verwurzelt haben und dort rund um die Uhr nahezu unbemerkt wirken. Und dies nur, weil wir nicht auf die Idee kommen, innezuhalten und uns aufrichtig zu fragen: „Ist das wirklich wahr? Will ich das wirklich?“

Der Ursprung dieser autoritären Instanz, in der unsere Ich-Muss-Haltung generiert wird, ist nicht in uns. Salopp gesagt handelt es sich um eine Vererbung oder Kopie. Wir haben den autoritären Charakter unserer Eltern und frühen Bezugspersonen in uns selbst als psychische Instanz abgebildet. Die Du-Musst-Sätze der Autoritätspersonen unsere Kindheit, haben uns zu den Ich-Muss-Annahmen über uns selbst inspiriert und motiviert. Wir haben diesen Worten geglaubt und sie für allgemeingültige Fakten und Gesetze gehalten. Darum erleben wir diese Gedanken als zwingend oder zwangsmäßig, obligatorisch, verpflichtend.

Unsere Überlebensstrategie wird für uns greifbar, wenn wir sie als Ich-Muss-Aussage formulieren. Dabei handelt es sich nicht wie zuvor um oberflächliche, aktionsgerichtete Feststellungen – der Ich-Muss-Glaubenssatz der Überlebensstrategie ist viel tiefer und genereller. Er spiegelt nichts Geringeres wider als die Annahme, was ich primär tun muss, um in der Welt zu überleben.

Wenn ich sage, die Überlebensstrategie wird dann greifbar, wenn wir sie formulieren, impliziert das, dass sie vorher nicht greifbar ist. Und genau so ist es. Bisher führt unsere Überlebensstrategie ein Schattendasein in unserem Unterbewusstsein. Sie wirkt und herrscht als Energieschema im Verborgenen und wir kennen sie nicht bzw. wissen sie nicht. Jedenfalls nicht bewusst. Was wir jedoch intuitiv erkennen, ist ihr energetischer Fingerabdruck. Weil sie unser Handeln tagtäglich beeinflusst, wissen wir, wie sie sich anfühlt und sind so in der Lage, sie zu erspüren.

Das Aufspüren läuft im Prinzip folgendermaßen ab: Du stellst dir gezielte Fragen zu deinen Motivationen, inneren Antreibern und Verletzlichkeiten im Alltag. Dann spürst du diesen Fragen in dir behutsam und sorgsam nach. Es geht dabei nicht darum, nachzudenken! Dein innerer Spürsinn ist das Radar, das deine Überlebensstrategie ortet und die Worte, die sich daraufhin in deinem Geist zu formen beginnen, sind die greifbare Reflexion. Wie ein Spiegelbild zeigt sich in Worten, was du damals beschlossen hast. Die Worte machen unsere Überlebensstrategie in unserem Geist sichtbar. In diesem Moment beginnt sie, uns bewusst zu werden. Dieses geistige Objekt können wir nun betrachten, ganz ähnlichem einem physikalischen Objekt. Wenn wir die Worte der Überlebensstrategie einmal gefunden haben, können wir sie studieren, ganz nah heran oder weiter weg zoomen und mit jedem neuen Perspektivenwechsel entdecken wir einen weiteren Winkel in unserem Glaubensgebäude des Überlebens. In diesen Winkeln verbergen sich die Anteile unseres Egos, mit denen wir am stärksten und längsten identifiziert sind. Mit jedem Hinschauen, Erkennen und Akzeptieren, wird die Identifikation schwächer und wir beginnen, eine ungeahnte Freiheit in uns zu erahnen, die unabhängig ist von irgendeiner äußeren Bedingung.

ÜBUNG

Was ist meine tagtägliche Überlebensstrategie?

Suche dir einen Platz, an dem du ungestört bist und dich sicher und entspannt fühlst. Natürlich kannst du diese Übung überall und zu jeder Zeit machen, aber sie ist am effektivsten, wenn du in einer Umgebung bist, in der es dir leichtfällt, loszulassen und deine Aufmerksamkeit voll und ganz nach innen zu richten.

Setze oder lege dich, schließe deine Augen und lausche entspannt in dich hinein. So, als würdest du einem Vogel in der Ferne zuhören. Deine Sinne sind geöffnet und weit. Wenn Gedanken kommen, lasse sie kommen und auch wieder gehen. Sollten Gefühle auftauchen, lasse sie ebenfalls kommen und auch wieder gehen. Das passiert alles von ganz allein, ohne dein Dazutun. Bemerke diese Tatsache und ruhe in dieser inneren Entspannung für mehrere Minuten.

Dann stelle dir eine der folgenden Fragen: Was ist meine stärkste Motivation im Kontakt mit anderen Menschen? Wie glaube ich sein zu müssen, damit andere mich mögen? Was muss ich tun, um Liebe zu bekommen? Lass die Frage einfach in deine innere Entspanntheit und Offenheit hineinfallen und erlaube ihr, ihren Weg zur Antwort zu finden. Auch hier ist es wieder hilfreich, nicht über die Antwort nachzudenken, sondern aufmerksam zu bleiben und sie geschehen zu lassen. Die Antwort kommt von allein. Du bist einfach der Empfänger.

Variiere die Frage jedes Mal, wenn du diese Übung machst. Das ermöglicht dir, aus verschiedenen Blickwinkeln auf deine Überlebensstrategie zu schauen und neue Facetten zu entdecken.

Ziel der Übung

Das Erkennen deiner Überlebensstrategie und die eindeutige Formulierung des Ich-Muss-Glaubenssatzes mit der stärksten emotionalen Resonanz bzw. Energie.

Ist dir deine Überlebensstrategie klar geworden? Bist du jemand, der es allen recht machen muss? Oder bist du nur zufrieden, wenn du perfekt bist, oder es allen „zeigst"? Herzlichen Glückwunsch! Falls du deine essenzielle Strategie noch nicht entdeckt hast, wiederhole diese Übung so oft wie nötig. Unsere Überlebensstrategien sind nicht in unerreichbaren Tiefen unseres Bewusstseins vergraben. Sie sind offensichtlich, wenn wir nur genau hinschauen und uns nicht vom Geschnatter unseres Verstands ablenken lassen. Falls du deine Urwunde kennst und schon gelernt hast, sie zu beobachten, wirst du genau in diesem Moment auch die damit verbundene Überlebensstrategie erkennen. Sie sind die beiden Seiten desselben Schmerzes. Und um es immer wieder zu unterstreichen: Die Überlebensstrategie ist völlig in Ordnung. Sie ist Teil unserer Energie, die uns zunächst am Leben gehalten hat und schließlich zu unserem Charakter geworden ist. Früher wurde sie therapiert, dann als innerer Antreiber diffamiert oder als Talentquelle überhöht. Im Essenz-Modell ist sie einfach unsere Strategie, um den Körper am Leben zu erhalten. Natürlich ist sie auch eine Kompetenz, denn seit der Entstehung der Urwunde hat unser Ego alles dafür getan, ein Meister der Überlebensstrategie zu werden. Somit können wir sie ganz bewusst einsetzen, wenn wir ihre ungeheure Energie erkannt haben. Oder es auch mal schmunzelnd einfach bleiben lassen. Vielleicht ist das die Möglichkeit des Loslassens und Nein-Sagens.

Die Übung, die du gerade gemacht hast, war im Prinzip eine Meditation. Ziel einer jeden Meditation ist es, in einem inneren Raum zu verweilen, in dem Gedanken und Gefühle keine Rolle für unser Dasein spielen, das heißt, hier bestimmen sie nicht, wer wir sind. Gedanken und Gefühle dürfen da sein, aber wir geben ihnen nicht die prominente Bedeutung für unsere Identität, die wir ihnen normalerweise geben. Als unmittelbarer Effekt wird unser Geist klar und weit, wodurch ungeahnte Erkenntnisse möglich werden. Dabei hängt alles davon ab, wie sehr wir uns erlauben, einfach nur da zu sein, ohne etwas zu tun. Denn Tun ist Strategie. Solange wir uns in einer Strategie befinden, sehen wir die Strategie nicht. Beginnst du zu erahnen, wie die Mechanik funktioniert?

Mit der Offenbarung der Überlebensstrategie haben wir etwas Essenzielles gefunden: den Motor des Hamsterrads, in dem wir uns Tag ein, Tag aus, bewegen. Die Überlebensstrategie hält das Hamsterrad auf Hochtouren in Richtung der Befriedigung unserer Wünsche und Sehnsüchte. Doch egal, wie schnell wir laufen, wie ambitioniert oder optimiert - wir treten letzten Endes immer nur auf der Stelle. Wir haben uns so sehr an unseren Modus Operandi gewöhnt, dass wir uns nicht vorstellen können, dass es eine Realität jenseits von Strategie und Hamsterrad gibt, eine Realität, die viel mehr unserer wahren Natur entspricht, als der andauernde Überlebensmodus.

Ab und zu erleben wir besondere Momente, in denen wir eine persönliche Anerkennung erhalten. Unser Verlangen nach Belohnung ist für einen Augenblick gestillt, wir fühlen uns leicht, im Einklang und Frieden mit der Welt. Wenn du jemand bist , der ein mündliches Lob braucht, dann ist die Ausbeute in unserer deutschen Gesellschaft jedoch sehr spartanisch. Denn es gilt immer noch der kategorische Grundsatz: „Nicht gelobt ist Lob genug!" Dementsprechend sind die Belohnungen in der heutigen Gesellschaft eher konsumorientierte Befriedigungen: ein neues Auto oder Smartphone, Urlaub, Gehaltserhöhung, eine neue Liebesbeziehung, Sex. Das Laufen im Hamsterrad impliziert Vergänglichkeit, denn es dreht sich immer weiter. Und so bleiben wir stets auf der Suche nach dem nächsten belohnenden Kick in unserem Leben. Im Hamsterrad sind wir Belohnungs-Junkies. Ich sage nicht, dass materieller oder weltlicher Genuss falsch oder schlecht sei. Er hat seinen Platz in unserem Leben. Doch wenn wir ehrlich zu uns selbst sind, dann wissen wir in unserem Herzen, dass diese Form der Erfüllung nur Ersatz ist für etwas Größeres, Ursprünglicheres, etwas, das wir so sehnlich suchen und doch nie zu finden glauben. Doch die Überlebensstrategie erlaubt keinen anderen Gott neben sich.

Bhagavan Sri Ramana Maharshi, der große indische Weise des letzten Jahrhunderts, wusste, dass unser Ego-Verstand Verlangen nur deshalb konstruiert, damit wir den Augenblick der Befriedigung – die Abwesenheit von Verlangen – erfahren können. Und so ist unser Leben ein stetiger Zyklus von Verlangen und Befriedigung, Verlangen und Befriedigung, Verlangen und Befriedigung... bis wir diesen leidvollen Mechanismus durchschauen, verstehen und transzendieren. Die Überlebensstrategie liefert uns den kontinuierlichen Grund, den Verheißungen unserer Erfüllungsideale hinterher zu laufen: „Ich muss ...“

Die Ursache Ihres Leids liegt nicht im Leben draußen, sondern in Ihnen als Ihr Ego. Sie legen sich selbst Begrenzungen auf und machen dann vergebliche Anstrengungen, sie zu überwinden.

~ Sri Ramana Maharshi

Wer ist der Überlebende?

Den Inhalt der Überlebensstrategie, den Ich-Muss-Glaubenssatz, zu erkennen, ist eine Sache - die äußere, tragende Struktur zu durchdringen, eine andere. Was ist damit gemeint? Das Erkennen unserer Überlebensstrategie hat zu Tage gefördert, was wir zu müssen glauben, wir haben also das Wie herausgefunden: Wie muss ich sein, damit...? Die Antwort ist z. B. „Ich muss perfekt sein" oder „Ich muss besonders sein" oder „Ich muss es allen recht machen", etc. Wir haben ebenfalls gesehen, dass es sich hierbei um eine bloße Annahme handelt, also gewissermaßen eine Geschichte, die wir uns über uns selbst erzählen. Ich kann gar nicht ausreichend betonen, wie wichtig dieser Punkt ist! Wenn du diese schlichte Tatsache verstanden hast, so dass du sie fühlen kannst, dann bist du bereits mit einem Bein aus deinem Hamsterrad, und damit aus deiner Überlebensstrategie, ausgestiegen und auf dem Weg zu wahrer Freiheit.

Nach dem Wie, wollen wir nun mehr herausfinden über das Wer. Wir kennen den Inhalt der Strategie, jetzt fragen wir nach dem Strategen: Wer ist eigentlich derjenige, der glaubt, überleben zu müssen? Was ist das Subjekt der Überlebensstrategie? Wer ist der Überlebende? Wenn man diese Frage zum ersten Mal hört, mag sie konfus, irritierend, absurd und irgendwie nicht greifbar wirken. In etwas so, als würde man fragen „Wer denkt meinen nächsten Gedanken?" Falls du jetzt also den Eindruck hast, dein Verstand wäre ein großes, leeres Loch oder ein Sieb, durch den alles hindurchfällt, dann ist das nicht ungewöhnlich. Möglicherweise reagiert dein Ego auch mit Empörung oder Verächtlichkeit auf diese Frage. Das wäre kein Wunder, denn wir haben gerade ein helles Spotlicht eingeschaltet und rate mal, worauf es gerichtet ist. Exakt: auf das Ego. Und Egos mögen das Licht der Bewusstheit nicht besonders. Sie halten sich lieber im Schatten des Unbewussten auf, wo sie ungestört überleben können.

Wer also ist der, der überleben muss? Die spontane Antwort auf diese Frage ist die nächstliegende: „Ich". Daran scheint es keinen Zweifel zu geben, nicht wahr? Und jetzt frage ich dich: Kann es sein, dass dieses Ich genauso eine Annahme ist, wie die Überlebensstrategie selbst? Eine Erinnerung, die sich schon gedacht hat, also ganz einfach: was überleben muss ist die Vergangenheit. Die Strategien, die in der Vergangenheit entstanden sind und bis heute gut funktioniert haben. Woher wissen wir das? Weil wir noch leben. Wir haben mit unserer Strategie überlebt, mit unseren Erfahrungen, deshalb muss es genauso weitergehen, sonst würden wir ja die Komfortzone verlassen und es könnte gefährlich werden.

Ralf, 46 Jahre, Manager

Jeder andere hätte gesagt: „Ihr habt doch das perfekte Leben." Gute Ausbildung, sicherer Job, sechsstelliger Verdienst, ein tolles Auto, großes Haus und zwei wunderbare Kinder. Einfach alles was im Leben zählt. Oder nicht?

Ich nahm das Leben anders wahr. Im Innern diese ständige Unzufriedenheit, Streit, Stress, ein Gegeneinander statt Miteinander, immer schneller, immer effektiver, was mich vor gut zwei Jahren fast an den Rand eines Burnouts brachte. Ich begann alles infrage zu stellen, was man dann wohl klassisch als „Midlife-Krise" abtut. Etwas, das schon wieder vorbei geht. Ich wollte mich gerade damit abfinden, als ich merkte, dass ich mit meiner Familie auf dem besten Wege dahin war, genauso wie meine Eltern zu werden. Alles aussitzen, hinnehmen, wir können ja doch nichts ändern. Das Fernsehen bestimmt unser Leben, wenn wir nicht arbeiten oder schlafen. Dabei hatte ich mir immer geschworen: So darf es niemals werden, das Leben bietet doch so viel mehr. Kommt Dir das vielleicht bekannt vor? - Dachte ich mir.

Je mehr Gedanken ich mir darüber machte, desto stärker verstrickte ich mich in Widersprüche. Es wollte alles einfach nicht zusammenpassen. Ich bin im Grunde ein sehr reflektierter Mensch, saß aber wie vor einem Haufen Zettel, jeder für sich wichtig, aber unsortiert. Ich kam mir vor wie im Chaos am Schreibtisch eines zerstreuten Professors.

Durch Zufall sprach ich mit einem Arbeitskollegen darüber und er fragte mich:

„Wer bist Du? Was ist Dein Beitrag für diese
Welt und was ist Deine Lebensaufgabe?“

Lebensaufgabe? Das weiß doch nur der liebe Gott, dachte ich mir. Er hätte mich genauso gut fragen können: Was ist der Sinn des Lebens?

Große Fragen, auf die ich natürlich keine Antwort wusste. Ich war sehr beeindruckt davon, was mir mein Kollege mitteilte, indem er mir seine persönlichen Antworten auf diesen Fragen verriet. Ich musste wieder an den Schreibtisch denken und auf einmal kam es mir vor, als müsste ich nur das Fenster öffnen und darauf warten, dass ein Windstoß alle überflüssigen Zettel aus dem Fenster weht und nur die wirklich wichtigen mit den richtigen Fragen übrig blieben - die Essenz aus all meinen Überlegungen. Aber ich hatte zu diesem Zeitpunkt nur eine ganz grobe Ahnung, was das sein könnte. Und es hatte ganz sicher mit den Fragen zu tun, die mir mein Kollege gestellt hatte.

Ich fühlte mich als hätte mir jemand eine Hand gereicht, die ich nur ergreifen musste. Auf dem Workshop des Essenz-Modells wurde mir dann vieles klarer. Wobei ich mich sehr schwer damit tat, die sieben Essenzen für mein Leben zu definieren. Bei der Erarbeitung der Urwunde erinnerte ich mich nicht an eine Schlüsselsituation, die diese ausgelöst haben könnte, obwohl ich wusste, dass diese mit meiner sehr dominanten Mutter zu tun haben musste, die sich ständig selbst überforderte und ihren Unmut an der ganzen Familie ausließ. Bei mir war es wohl so, dass dieser permanente psychische Stress dazu geführt hatte, dass ich von mir dachte: Ich bin nicht gut genug.

Je länger ich darüber nachdachte, desto mehr Situationen in meinem Leben kamen mir in den Sinn, in denen ich mir durch diese Annahme über mich selbst wichtige Chancen verbaut hatte. Sei es in der Schule oder auch wenn ich mich verliebt hatte, und ich die Angebetete nicht angesprochen hatte, weil ich mir sicher war: Für die bist du nicht gut genug, das ist eine andere Liga. Ebenso klar wurde mir auch meine Überlebensstrategie: Ich muss es noch besser machen. Später entwickelte sich daraus: Ich muss es perfekt recht machen. Dass so etwas einen Menschen an den Rand eines Burnouts treiben kann, war für mich nun offensichtlich. Hätte ich das niemals erfahren, wäre dieser dann wohl auch unvermeidlich gewesen.

Ich erkannte aber auch, dass mich diese Überlebensmechanik zu dem gemacht hatte, der ich heute bin. Wäre ich nicht so neugierig gewesen oder hätte ich nicht immer nach dem Besseren gestrebt, wäre ich ziemlich sicher ein ganz anderer Mensch geworden.

KAPITEL DREI
DIE BELOHNUNG
3

Für gewöhnlich denken wir zu allererst an materielle Dinge, wenn wir das Wort Belohnung hören: Geld, Urlaub, Konsum- und Luxusgüter. Und das ist kein Wunder, lernen wir doch von klein auf, dass wir auf ebensolche Weise für unsere Leistungen honoriert werden. Da bekommen wir Zwanzig Euro für eine Eins in Mathe, ein neues Fahrrad für das gute Jahreszeugnis, dürfen Computer spielen, wenn wir unsere Hausaufgaben gemacht haben und von der Oma gibt's eine Tafel Schokolade fürs Bravsein.

Als Erwachsene sind unsere Belohnungsinhalte andere geworden, das Prinzip jedoch bleibt dasselbe. Wir streben nach Belohnung in materieller Form: ein neues Auto, der Jahresurlaub, ein Wellnesswochenende, die Designertasche, das neueste Smartphone etc. Unser alltägliches Handeln ist auf das Sammeln von Überlebenstrophäen ausgerichtet, die uns und unserer Umwelt signalisieren sollen, dass unsere Überlebensstrategie funktioniert. Und für diesen Erfolg wollen wir gemocht, bewundert, beneidet und geliebt werden.

Beim Aufzählen dieser Beispiele ist dir wahrscheinlich gar nichts Besonderes aufgefallen. Vielleicht hast du sogar gedacht „Na und?“ Wir sind so sehr daran gewöhnt, in den Bahnen unserer Belohnungssysteme zu kreisen, dass uns nicht auffällt, wie seltsam sie bereits aus geringer Distanz betrachtet wirken können. Es kommt manchmal vor, dass wir uns fragen, warum wir z. B. den Job machen, den wir machen, und die gefällige Antwort dreht sich fast immer um unser Überleben in der Welt: ich muss meine Miete/Raten bezahlen, ich muss etwas essen, ich muss meine Kinder versorgen, ich brauche etwas zum Anziehen usw.

Seltener bis niemals fragen wir uns, warum wir eine bestimmte Belohnung brauchen, z. B. das neue Smartphone. Falls wir uns fragen, kommt der Verstand sehr schnell mit einer plausiblen Antwort um die Ecke: „Mein Telefon ist zu langsam… Das Betriebssystem ist zu alt für aktuelle Apps… Die Kamera ist zu schlecht…“ Die Antwort genügt uns und wir gehen der Frage nicht weiter auf den Grund. Dabei liegt genau hier ein Schlüssel, der uns ein ganz neues Verständnis über uns selbst eröffnen kann. Ist es wirklich wahr, dass ich das neue Telefon brauche? Warum glaube ich, dass ich es brauche? Was brauche ich wirklich?

Hinterfragen wir unser materielles Belohnungsstreben, stellen wir sehr schnell fest, dass das, was von außen betrachtet plausibel und begründet erscheint, keinerlei Substanz hat. Es löst sich bei bewusstem Hinsehen in Nichtigkeit auf. Eben noch waren wir überzeugt, dass der Besitz eines verlockenden Objekts von absoluter Notwendigkeit für unser Wohlbefinden sei, doch kaum mit aufrichtiger Bewusstheit beleuchtet, erscheint uns diese Idee geradezu fremd, abstrus oder kindlich. Wenn wir erlauben, dass das Licht der Bewusstheit wie ein gleißender Strahl auf unsere blinden Flecken trifft, kommt zum Vorschein, was sich hinter unserer oberflächlichen Realität verbirgt.

Die Anhäufung und der Konsum materieller Güter als Belohnung ist eine Ersatzhandlung. In Wirklichkeit brauchen wir etwas völlig anderes, etwas Immaterielles: Liebe. Und zwar die Liebe, die wir von unseren Eltern nie bekamen. Eine pure, bedingungslose Liebe. Als wir klein waren, haben wir unseren Anspruch auf diese Liebe eingetauscht - gegen Süßigkeiten, Puppen und Feuerwehrautos - ohne es zu merken. Für uns war es kein Tausch, da wir nicht wussten, dass wir das eine für das andere hergeben würden. Für unsere Eltern war es keine Absicht, uns ihre aufrichtige Liebe vorzuenthalten. Für sie war es einfacher und zeitsparender in ihrem Alltag, uns Dinge statt Liebe zu schenken. Der Anreiz von Dingen schien in der Erziehung außerdem effizienter, als die Selbstverständlichkeit von Liebe und Zuwendung. Das Ganze passierte unbewusst und mit der Intention, das Beste zu tun, was sie konnten. Obendrein verhält es sich so, dass insbesondere Väter der Kriegs- und Nachkriegsgeneration äußerst sparsam mit Lob und Anerkennung umgingen und ihre Kinder nach den Maßstäben von Erwachsenen behandelten - genau so, wie sie es als Kinder erlebt hatten.

Prof. Dr. Gerald Hüther, der bekannte Neurobiologe, hat die Theorie einer Subjekt-Objekt-Verwandlung entwickelt. In den ersten drei bis vier Lebensjahren sind Kinder für die Eltern noch Subjekte, die genährt und mit Liebe überhäuft werden, damit sie überleben. Doch sehr bald schon beginnt die Erziehung: Aus den ursprünglichen Subjekten werden mehr und mehr modellartige Objekte der elterlichen Vorstellungen, die geformt werden müssen.

Und in dieser Formung findet sich als Hilfsmittel generell mehr Bestrafung als Anerkennung - besonders auch in Form von Liebesentzug.

Unsere ersehnte Belohnung ist im Grunde das, was wir in unseren schlimmsten Momenten erhofften, also immer dann, wenn ein geliebter Mensch uns verletzt und uns scheinbar die Lebensberechtigung durch seine Härte und Unbarmherzigkeit entzogen hat. Wir waren in lebendiger Hoffnung auf einen anderen Ausgang unseres inneren Dramas - auf ein Happy End. Wir wünschten uns Liebe und Anerkennung statt Verletzung und Bestrafung. Und dieser Wunsch ist heute in der gleichen Weise lebendig wie damals.

Genauso wie unsere Urwunde, ist auch unsere Belohnung ein individuelles, einzigartiges Konstrukt. In der Urwunde begründen wir, wofür wir uns primär halten. Die Überlebensstrategie spiegelt wider, was wir glauben zu müssen, um in der Welt zu überleben. Und die Belohnung verkörpert, was wir glauben zu brauchen, als Bestätigung, dass wir überlebensfähig sind. Alle Aspekte der Überlebensmechanik stehen in dynamischer, komplementärer Beziehung zueinander.

Und so kann die Belohnung zum einen als Frucht der Überlebensstrategie gesehen werden, zum anderen aber auch als Gegenpol zur Urwunde. Ich behaupte, dass wir in unserer Belohnung das suchen, was wir in der Situation der Entstehung unserer Urwunde als Zeichen der Anerkennung gebraucht hätten, damit die Urwunde so nicht entstanden wäre. Die Belohnung ist also der erhoffte, alternative Ausgang des traumatischen Erlebnisses.

BEISPIEL

Wir haben weiter vorne in diesem Buch miterlebt, wie die Urwunde des kleinen Markus entstand: Seine Mutter war mit ihm und seinen Geschwistern auf dem Weg zum Einkaufen. Markus war noch sehr klein und konnte noch nicht so schnell laufen. Er strengte sich an, Schritt zu halten, war aber irgendwann erschöpft und blieb stehen. Die Mutter hatte es eilig und reagierte genervt und ungeduldig. In Markus festigte sich als Urwunde die Annahme, nicht zu genügen.

Was hätte der kleine Markus in diesem Augenblick gebraucht? Er hätte ein Zeichen dafür gebraucht, dass er die Erwartungen übertrifft, dass er nicht nur okay ist und genügt, sondern besonders und einzigartig. Und zwar so, wie er ist. Das hätte ihn aus der Selbstannahme, nicht zu genügen, herausgeholt.

Und so ist die größte Belohnung für Markus als Erwachsener heute, wenn eine Autorität oder Kapazität ihm bestätigt, dass er die Erwartungen an ihn, z. B. bei der Umsetzung einer bestimmten Aufgabe im Beruf, mehr als übertroffen hat und ihn dafür aufrichtig bewundert.

In diesem Moment der Belohnung pausiert die Annahme, nicht zu genügen, vorübergehend und lässt Raum entstehen für die Erfahrung von innerer Zufriedenheit und Glück.

Es ist nicht wirklich leicht, die innere Wahrheit zu entdecken. Allzu leicht kommt man auf der Suche nach dem eigenen Belohnungssatz auf Überbegriffe wie Anerkennung oder Wertschätzung, aber das ist für das innere Überlebenssystem zu einfach. Es braucht einen eindeutigen Beweis, dass jetzt alles in Ordnung ist, dass ich erfolgreich überlebt habe. Und dieser Beweis, dieses Signal, muss ganz individuell und ausgeklügelt sein, sonst ist die gesamte Mechanik viel zu leicht auszuhebeln (und das Ego wäre als Illusion bloßgestellt). Übrigens ist das auch eine Erklärung, warum so viele Menschen eine Anerkennung nicht annehmen können: Die echte Anerkennung, die gebraucht wird, ist nicht wirklich getroffen. Es ist ja auch nicht einfach, wenn nicht mal der Betroffene selbst weiß, wie seine ideale Belohnung beschaffen sein muss.

Ich habe lange gesucht und ergründet, was mich am meisten befriedigt. Früher wollte ich berühmt werden, im Rampenlicht stehen. Viele Einzelkinder wollen das. Doch warum? Und mit einem Mal war die Erkenntnis da (und es war mir unsagbar peinlich): Ich brauche Applaus. Echten, tosenden, nicht endenden Applaus. Ein Bad in der Menge, im schreienden Beifall von Tausenden. Dann habe ich endlich die Bestätigung, perfekt zu sein. Das kann von nichts mehr übertroffen werden. Vielleicht noch, wenn alle Seminarteilnehmer mich ohne Einschränkung mit der Note Eins bewerten und es auch noch akkurat erklären würden. Doch Applaus ist lebendiger. Da kann ich den Menschen in die Augen blicken und erkennen, ob sie es ernst meinen. Denn nur eine aufrichtige Anerkennung ist für unser System eine gültige Belohnung! Manchmal mache ich mir das Vergnügen und offenbare den Teilnehmern des Essenz-Modell Workshops mein Geheimnis. Hier und da bekomme ich dann Szenenapplaus. Welch ein Genuss für den kleinen Jürgen in mir! Zu wissen, dass es gespielt und ein kleiner Spaß der Teilnehmer sein könnte, oder auch ernst gemeint ist. Dennoch wirkt es und mein Ego fühlt sich glücklich. Für diesen Moment. Bis wieder etwas passiert, und ich mich wieder für nicht gut genug halte.

Die Belohnung ist also ein starkes Bedürfnis, dass gestillt werden will. Bei der Überlebensstrategie haben wir gesehen, dass sie auf einer Ich-Muss-Annahme beruht und sie ihre Wirkungskraft schlicht aus der Tatsache bezieht, dass wir sie für wahr halten! Analog dazu ist die Belohnung eine Ich-Brauche-Annahme, die wir ebenso glauben, ohne sie je einer Überprüfung zu unterziehen. Sie ist Teil unseres Selbstverständnisses geworden: „Ich brauche Applaus", „Ich brauche Ordnung", „Ich brauche Geborgenheit", „Ich brauche es, um Rat gefragt zu werden!" etc.

Zu erkennen, was unsere Belohnung ist, zeigt uns unsere Grundmotivation, die unsere Handlungen, Interaktionen, Entscheidungen und Beziehungen in unserem Leben bestimmt. Wir können durchschauen, was die Verheißung unseres Hamsterrads ist. Mit jedem Erkennen der Natur eines weiteren Aspekts deines Überlebens formt sich ein klareres Bild. Du wirst immer deutlicher sehen, wie deine persönliche Mechanik funktioniert, so als ob du ein Uhrwerk Rädchen für Rädchen auseinandernimmst. Wie alle Aspekte des Quadrats des Überlebens, hat auch die Belohnung bei jedem Menschen eine ganz individuelle Ausprägung. Was ist deine Belohnung? Was brauchst du am meisten?

ÜBUNG

Was ist meine Belohnung?

Schließe nun wieder deine Augen. Lass dir Zeit, ganz anzukommen in diesem Augenblick. Stell dir vor, wie du mit jedem Atemzug näher zu dir kommst und dich in einem inneren, warmen, geschützten Raum niederlässt. Dieser Raum ist in dir selbst. Du kennst ihn bereits und hast in schätzen gelernt.

Nun gehe in deiner Erinnerung zu dem Moment deiner tiefsten Erniedrigung. Mit allem Schmerz und aller Sehnsucht, die du damals erlebt hast. Du kannst diesen Moment einfach auftauchen lassen wie ein Bild, das beim Blättern durch ein Fotoalbum deine Aufmerksamkeit erregt. Wenn jetzt keine Szene auftaucht, dann stelle dir eine Situation vor, in der du dich maximal erniedrigt und wertlos fühlen würdest.

Was hättest du in diesem Moment am dringendsten gebraucht? Wenn gerade jetzt ein Wunder möglich gewesen wäre: Welches Wunder wäre geschehen?

Ziel der Übung

Das intuitive Erkennen deiner stärksten Belohnung und die eindeutige Formulierung deines Ich-Brauche-Glaubenssatzes mit der stärksten emotionalen Resonanz bzw. Energie.

Wo wir die Liebe finden, die wir suchen

Die Belohnung ist aber auch das, was uns motiviert im Beruf und in Beziehungen, speziell in unseren partnerschaftlichen Beziehungen. Denn hier ist die Belohnung sehr sichtbar eine Projektion unserer kindlichen Bedürfnisse. Das, was wir damals von unserer Mutter oder unserem Vater gebraucht hätten, verlangen wir heute von unserem Partner – bewusst oder unbewusst. Wir wünschen uns, dass wir bedingungslos belohnt werden: Lob erhalten, Anerkennung und Wertschätzung erfahren, immer geliebt werden, Zeit mit uns verbracht wird, wir nicht belogen werden.

Doch wir fühlen uns so unsicher und schwach, dass es für uns sicherer erscheint unserer gewohnten Strategie zu vertrauen und etwas für unsere Belohnung zu tun. Etwas, wodurch wir sie verdienen. Während die Überlebensstrategie das Spüren der Urwunde vermeiden und die vermeintliche Minderwertigkeit kompensieren soll, ist die Belohnung die erhoffte Heilung der Urwunde.

Wir sehnen uns unser Leben lang danach, dass unsere Urwunde geheilt wird. Tief in unserem Innern wissen wir, dass diese Heilung möglich ist. Nur suchen wir permanent in der falschen Richtung. Wir vertrauen unserem Navigationsgerät mehr, als unserer Intuition. Wir steigen in einen tiefen Brunnen, um die Sterne zu finden, weil uns jemand gesagt hat, dass man die Sterne nur im Dunkeln sieht. Und so durchsuchen wir die ganze Welt nach dem Menschen, der uns bedingungslos annimmt und liebt – so wie wir sind. Der uns liebt für das, was wir sind. Wir suchen im Außen nach dieser Annahme und kämpfen so sehr und sind so erschöpft von diesem Strampeln und Ringen und Rennen. Es ist geradezu paradox: wir glauben, uns die Liebe verdienen zu müssen und wünschen uns gleichzeitig, dass sie bedingungslos ist.

Das Entscheidende übersehen wir dabei: derjenige, den wir suchen, ist nicht irgendwo dort draußen, sondern hier drinnen. In uns selbst. Wir suchen uns selbst und wissen es nicht. Warum? Weil wir von klein auf gelernt haben, dass Liebe von außen zu uns kommt. Uns wurde niemals gesagt, dass wir sie in uns selbst finden und mehr noch: schon immer in uns tragen.

Eine neue Art von Denken ist notwendig,
wenn die Menschheit weiterleben will.

~ Albert Einstein

KAPITEL VIER

DIE TRIGGER-REAKTION

4

Stell dir vor, du hast eine Festung gebaut, eine Burg, die dich schützt und dein Überleben sicherstellt. Sie schützt dich zuverlässig in allen Situationen, die Tag ein Tag aus passieren. Deine Konstruktion hat vereinzelt Schwachstellen, das weißt du, doch es ist eher unwahrscheinlich, dass ein Feind sie findet und für einen Angriff nutzt. Und wenn nun doch ein Angriff von außen genau durch diese Lücke kommt?

Dann reagierst du schlagartig darauf mit einer Taktik, die dich am besten schützt. Es gibt drei mögliche Reaktionen: a) du erwiderst den Angriff mit einem Gegenangriff, b) du nimmst die Beine in die Hand und flüchtest oder c) du machst dich unsichtbar und stellst dich tot, indem du erstarrst. Diese drei möglichen Reaktionsmodi sind fest in unserem limbischen System verankert und die Standardprogramme der gesamten Tierwelt im Falle akuter Lebensgefahr. In der Überlebensmechanik des Essenz-Modells gibt es auch Situationen akuter Gefahr und zwar dann, wenn die Überlebensstrategie versagt und unsere Urwunde berührt wird. Das heißt, es handelt sich um Situationen, die der Situation von damals ähneln, in der die Urwunde entstand. Die Umstände müssen dabei nicht exakt identisch sein, es reicht schon, wenn es „danach riecht".

Psychologisch ist in diesem Moment wieder unser Überleben gefährdet und genau wie ein Tier, dessen Leben unter akuter Bedrohung steht, reagieren wir mit einer Bewältigungshandlung: wir nennen sie hier „Trigger-Reaktion".

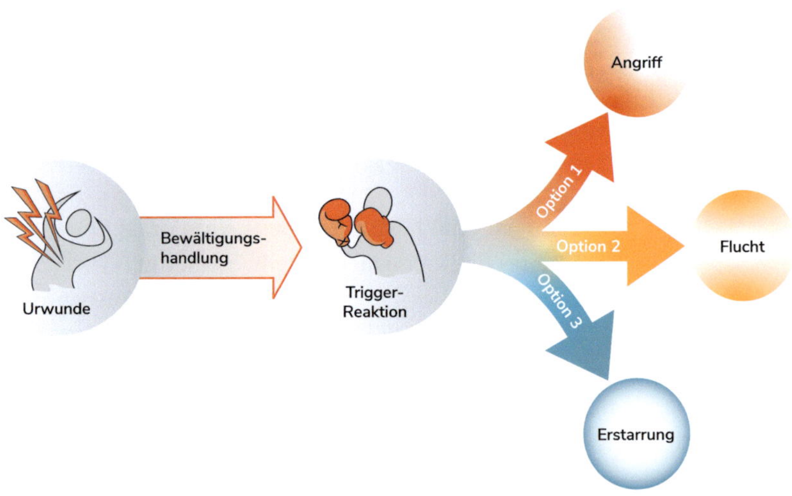

Das Wort „Trigger" kommt aus dem Englischen und bedeutet Auslöser bzw. Stimulus. Eine Trigger-Reaktion ist also eine Impulshandlung, die durch einen definierten Reiz ausgelöst wird.

Ein weiteres Merkmal hierbei ist, dass dieses Reiz-Reaktions-Muster wiederholbar ist, also bei Wiederholung dasselbe Resultat hervorbringt. Wenn wir Gefahr laufen, unseren Urschmerz zu spüren und somit „getriggert" sind, verhalten wir uns nach unserem persönlichen Reiz-Reaktions-Schema und reagieren impulsiv, um der Gefahr dieses Schmerzes zu entkommen. Wir wehren uns. Es handelt sich um ein eindeutiges Schema und diese Tatsache wird uns dabei helfen, unsere eigene, unbewusste Trigger-Reaktion zu erkennen und zu verstehen.

Genauso, wie sich bei einer Gazelle der Überlebensmodus einschaltet, wenn sie entdeckt, dass sie gerade zur Beute eines Löwen auserkoren wurde, registriert unser limbisches System die Bedrohung unseres Wohlergehens und schlägt Alarm. Dieser Alarm löst wiederum eine Reihe von physischen Vorgängen aus: Adrenalin wird ausgeschüttet, die Muskeln werden in Spannung versetzt, die Atmung wird beschleunigt, begleitet von hochenergetischen, archaischen Emotionen wie Wut, Angst oder Panik. Das gesamte System wird auf einen Überlebenskampf vorbereitet - physiologisch wie auch psychologisch. Ein Sonderprogramm, das instinktiv gestartet und gesteuert wird, vom ältesten Bereich unseres Gehirns: dem Hirnstamm oder auch Reptiliengehirn.

Sobald unser Triggerpunkt berührt wird, sprich unsere Urwunde, reagieren wir wie ein Tier in der freien Wildbahn mit Angriff, Flucht oder Erstarren. Wenn du das zum ersten Mal liest, kommt es dir vielleicht etwas abstrakt vor und du findest in dir keine richtige Entsprechung. Das wird sich gleich legen, wenn wir die drei Reaktionsmodi in zwischenmenschliches Verhalten übersetzen, denn in der Regel greifen wir nicht körperlich an, laufen nicht physisch weg und stellen uns auch nicht tot. Aber im übertragenen Sinne tun wir genau diese Dinge. Die folgende Liste schlüsselt die archaischen Reaktionsmuster auf in moderne menschliche Interaktionsreflexe:

BEISPIELE FÜR TRIGGER-REAKTIONEN

Kampf

- Wutausbruch
- Anschreien
- Vorwürfe machen
- Beschuldigen
- Rechtfertigen
- Die Schuld beim anderen suchen
- Beleidigen
- Verachten
- Überheblichkeit
- Provokation
- Dramatisieren
- Arroganz
- …

Flucht

- Beleidigt sein
- Abrupter Themenwechsel
- Recht geben
- Rückzug
- Trotz
- …

Erstarren

- Schweigen
- Sich klein machen
- Sich zum Opfer machen

- Sich „dumm“ stellen
- Rationalisieren
- Nicht ansprechbar sein
- Black-Out
- …

Jede dieser Reaktionen dient dazu, dem Spüren des eigenen Schmerzes zu entkommen. Für gewöhnlich hat jeder Mensch eine primäre Trigger-Reaktion und bei den Personen, die wir näher kennen, benennen wir diese sogar, ohne zu wissen, was sich dahinter verbirgt: „Peter ist cholerisch“, „Barbara musst du mit Samthandschuhen anfassen, sie ist schnell beleidigt“, „Wenn du Silvia kritisierst, macht sie immer gleich ein Drama daraus“ usw. Unsere primäre Trigger-Reaktion ist also quasi unser „negatives“ Markenzeichen, eine für andere unbequeme, spontane Verhaltensweise. Es ist anzunehmen, dass wir diese Reaktion bevorzugt wählen, weil sie sich in der Vergangenheit als besonders effizient erwiesen hat, uns also besonders gut vor unserer Urwunde geschützt hat. Wie vieles, was wir lange und oft wiederholt und eingeübt haben, hat sich auch unsere Trigger-Reaktion im Unterbewusstsein installiert und läuft von dort aus zuverlässig und quasi automatisch ab.

Neben unserer primären Trigger-Reaktion können wir situationsabhängig aber auch andere Reaktionsweisen zeigen. Wenn wir für gewöhnlich beleidigt reagieren, können wir durchaus auch beleidigen (also von Flucht auf Kampf umschalten), wenn die Umstände nahelegen, dass wir uns dadurch erfolgreicher wehren können. Im Essenz-Modell interessiert uns unser primäres Reaktionsmuster, das in der Regel energetisch unsere Überlebensstrategie ergänzt.

ÜBUNG

Wie wehre ich mich in der Regel?

Schließe nun wieder deine Augen und atme ganz bewusst tief ein und wieder aus. Lasse den Atem in seinem ganzen Volumen fließen und lasse zu, dass er sich ganz ausbreitet in dir. Du steuerst ihn nicht; du bist einfach bewusst dabei. Du hast keine Eile und nimmst in deinem Innern zunehmend Entspannung wahr. Bleibe einen Moment in dieser Wahrnehmung und anerkenne sie als Geschenk.

Erinnere dich an eine Situation der letzten Tage, in der dir etwas sehr weh getan, dich beleidigt oder beschämt hat. Du hast dich verletzt gefühlt und darauf reagiert, dich zur Wehr gesetzt. Wie hast du dich gewehrt?

Nimm das erste innere Bild, den ersten Gedanken, der auftauchen mag, für wahr und wichtig. Wie hast du dich in diesem Moment verhalten? Hast du dein Gegenüber angeklagt, warst verärgert? Oder hast du dich in dich zurückgezogen, innerlich die Arme verschränkt? Bist Du erstarrt, haben Dir die Worte gefehlt? Oder etwas ganz anderes?

Sieh dir den Ablauf der Situation wie einen Film an. Du beobachtest als Zuschauer. Und nun kannst du den Film sogar auf Zeitlupe umschalten und dir das Ereignis Bild für Bild ansehen. Du kannst ihn anhalten und hinein zoomen, an jeder Stelle, die dir bedeutend erscheint.

Wenn du das Gefühl hast, für den Moment alles gesehen zu haben, was wichtig ist, dann bleibe jetzt noch für ein paar Atemzüge in diesem inneren Raum und honoriere dir selbst gegenüber, was du dir eben über dich gezeigt hast.

Tauche dann allmählich und ganz ohne Eile wieder aus dieser kleinen Meditation auf, nimm wahr wo du bist und wieviel Zeit vergangen ist.

Der Charakter – Irrtum unseres Selbstverständnisses

Die energetische Qualität der Trigger-Reaktion ist das, was wir als charakteristisches Merkmal unserer Persönlichkeit erachten: unseren Charakter. Und so halten wir uns für introvertiert oder extrovertiert, emotional oder rational, dominant oder devot. Nicht nur wir glauben, dass uns diese Eigenschaft ausmacht, denn auch unsere Umwelt erzählt und bestätigt uns fortlaufend, dass wir genau das sind. Und umgekehrt sehen wir unsere Mitmenschen genau durch dieselbe Brille. Das Resultat ist, was wir tagtäglich in der Welt erleben: Interaktionen, die auf Reibung, Missverständnis und Konflikt basieren. Wir glauben zu wissen, wer wir sind und wir glauben zu wissen, wer und wie andere sind. Grundlage für dieses vermeintliche Wissen sind die Interaktions- und Reaktionsmuster, die wir erleben. Anhand dieser Charakteristiken fällen wir permanent Urteile über unsere Mitmenschen und die Welt, in der wir leben. Wir schlussfolgern, dass Menschen so sind, wie sie sich verhalten – uns selbst eingeschlossen. Das ist der große Irrtum.

Wie wir gesehen haben, sind die Momente unserer Trigger-Reaktion energetisch sehr starke Ausschläge auf unserer emotionalen Skala. Aufgrund unserer lebenslangen Konditionierung durch Gesellschaft, Kultur und Medien glauben wir, dass starke Emotionen wahrer sind, als schwache. Wir glauben, je stärker wir etwas fühlen, desto echter ist es. Das sind Annahmen, die wir aus Kindermärchen, Romanen und Hollywoodfilmen übernommen haben.

Wir spielen selbst großes Gefühlskino, sind eine zickige Diva oder missverstandener Held, und sind dabei unsere treuesten Fans.

Weil wir die Intensität einer Emotion als Maß für ihre Wahrhaftigkeit nehmen, glauben wir auch, dass unsere Trigger-Reaktion definiert, wer wir sind. Sie ist integraler Bestandteil unseres Identitätsbaukastens, den wir seit frühester Kindheit kontinuierlich erweitert und verfeinert haben. Als unser Selbstbild entstanden ist, sind gleichzeitig Mauern entstanden, um es zu schützen, Abwehrmechanismen, die wir uns erst abgeschaut und dann individualisiert haben. Neben der Überlebensstrategie ist die Trigger-Reaktion ein effektives Mittel zum Schutz unseres Selbstbildes. Dabei ist es völlig gleichgültig, ob es sich um das Selbstbild einer guten Person oder das einer unzulänglichen Person handelt – unser aus der Urwunde gekeimtes Selbstbild muss um jeden Preis beschützt werden. Dies ist ein absolut unschuldiger und unbewusster Vorgang.

Wie unsere Identität unser Selbstbild schützt

Dass wir uns wehren müssen, sobald wir mit unserer Urwunde in Kontakt gebracht werden, scheint absolut plausibel zu sein. Wer spürt schon gern Schmerz? Triggert uns jemand, empfinden wir dies als Angriff auf unseren inneren Kern, als wolle sie oder er das Fundament dessen, was wir sind, zum Erschüttern bringen. Entsprechend vehement fällt unsere Reaktion aus. Wir müssen den Angreifer in die Flucht schlagen oder ihm entkommen. Das scheint völlig klar zu sein.

Was uns nicht klar ist, ist, dass wir so sehr in unserem Reaktionsschema gefangen sind, dass wir es für einen essenziellen Teil unserer Existenz halten. Es kommt uns nicht in den Sinn, auf den Berührungsschmerz anders zu reagieren, beispielsweise, indem wir dem Abwehrreflex nicht folgen. Diese Möglichkeit wirkt geradezu absurd, wie ein Verleugnen unseres Selbst. Wenn ich dir nun vorschlage, es einfach mal zu lassen, auf deinen gewohnten Reaktionsreflex nicht einzusteigen, was passiert dann in dir? Ich schlage dir vor, zuzulassen, dass deine Urwunde getroffen wird, dein tiefster Schmerz berührt wird und du es einfach geschehen lässt.

Was rührt sich in dir bei dieser Vorstellung? Fühlst du Unruhe, Unsicherheit, Beklemmung, Angst?

Im Neuen Testament gibt es eine weitbekannte Passage, die eine Aussage Jesus Christus widergibt und die unsere eben gestellte, revolutionäre Frage als mutige Aufforderung formuliert:

Matthäus 5, 38-42 (Einheitsübersetzung)

Ihr habt gehört, dass gesagt worden ist: Auge für Auge und Zahn für Zahn. Ich aber sage euch: Leistet dem, der euch etwas Böses antut, keinen Widerstand, sondern wenn dich einer auf die rechte Wange schlägt, dann halt ihm auch die andere hin.

Und wenn dich einer vor Gericht bringen will, um dir das Hemd wegzunehmen, dann lass ihm auch den Mantel.

Und wenn dich einer zwingen will, eine Meile mit ihm zu gehen, dann geh zwei mit ihm.

Wer dich bittet, dem gib, und wer von dir borgen will, den weise nicht ab.

Ein anderes Beispiel: Nehmen wir an, deine Trigger-Reaktion ist normalerweise offensiver Natur und du machst den Anderen schlecht, um dich zu wehren. Nehmen wir weiter an, ein anerkannter Experte für Abwehrverhalten versichert dir nun absolut glaubwürdig, dass es viel effektiver für dich sei, dich in solchen Situationen in die Opferrolle zu begeben, also dich auf eine ganz andere Art zu wehren. Wie wäre das? Probiere es für dich anhand der vorherigen Liste der Trigger-Reaktionen aus. Nimm das Gegenteil deiner vertrauten Trigger-Reaktion und spiele eine Abwehrsituation durch. Versuche, es dir konkret vorzustellen! Wie fühlt es sich an? Sicherlich fremd, unlogisch und irgendwie künstlich. Denkst du vielleicht gerade „Das passt nicht zu mir. Das bin ich nicht"?

Immer dann, wenn uns auffällt, dass etwas nicht zu uns gehört oder zu uns passt, sind wir gerade über einen Baustein unserer Identität gestolpert. Uns kann nur auffallen, dass etwas nicht zu uns gehört, wenn wir wissen, was zu uns gehört. Löst in unserem Fall die Vorstellung einer beliebigen Trigger-Reaktion Befremdung und Ablehnung in uns aus, ist dies ein deutliches Indiz dafür, dass unsere Identität rebelliert. Das Identitätssystem hat sozusagen einen Fremdkörper aufgespürt und macht durch unangenehme Reize darauf aufmerksam.

„Nun gut", wirst du vielleicht sagen. „So what?"

Der Punkt ist: wir sehen gerade, wie sehr die Trigger-Reaktion Teil der Identität ist, also des Selbst-Verständnisses. Und durch diese Identität schützt du wiederum dein Selbstbild, das in der Urwunde verankert ist. Selbstbild und Beschützung kommen quasi in einem Paket. Weder gibt es ein Selbstbild ohne Schutzbedürfnis, noch Schutzbedürfnis ohne ein Selbstbild. Die beiden bedingen sich. Und fällt das eine, verschwindet automatisch auch das andere.

Der Weg ist also, dass wir unsere Wehrhaftigkeit in Frage stellen. Uns klar machen, wie wir auf Trigger-Impulse reagieren und was wir glauben, dadurch schützen zu müssen. Wie bei allen Aspekten des Essenz-Modells, die wir uns bislang angeschaut haben, geht es auch hierbei wieder darum, nicht nur intellektuell zu verstehen, sondern vielmehr noch auf einer tiefen, wahrhaftigeren Ebene zu fühlen, wie das, was wir über uns glauben, funktioniert und wirkt.

Von Wehrhaftigkeit zu Wahrhaftigkeit

Es scheint ein großes Wagnis zu sein, unseren Selbstschutz für einen Moment aufzugeben und zu überprüfen, was dann passiert. Vielleicht ist eine Portion Mut erforderlich, mit Sicherheit jedoch Neugier und Offenheit für Wahrheit.

„Was passiert eigentlich, wenn ich meinen Selbstschutz fallen lasse?“ ist eine Frage, die wir normalerweise nicht stellen. Und es ist eine Frage, die intellektuell nicht befriedigend beantwortet werden kann. Sofern wir die Antwort wirklich wissen wollen, brauchen wir keine mentale, gedankliche Antwort, sondern eine direkte, lebendige Erfahrung!

Unmittelbare Erfahrungen bieten keinen Raum für Zweifel und Spekulation. Da sie nicht konzeptionell sind, sind sie einfach und klar. Ihre Solchheit ist unumstößlich. Vielleicht haben wir auch genau deshalb Hemmungen, uns bei fundamentalen Fragen unseres Daseins auf direkte Erfahrungen einzulassen, weil die Offenbarungen eindeutig sind und damit das Risiko bergen, unser lange gehegtes und gepflegtes Realitätsbild zu erschüttern oder gar auf den Kopf zu stellen. Daher theoretisieren wir lieber und verstecken uns vor der Wahrheit, als uns dem Leben und seiner inhärenten Weisheit zu stellen.

Das Tolle ist aber, dass Wahrheit jederzeit verfügbar ist, sobald wir uns entscheiden, sie zu sehen. Sie ist also immer schon da. Alles, was wir tun müssen, um die Wahrheit über uns selbst zu erkennen, ist, die direkte Erfahrung im Leben zu suchen. Nicht irgendwo dort draußen in der Welt, in einem großen Ereignis, sondern genau hier und jetzt, in diesem unscheinbaren, banalen Moment. Und das kann zum Beispiel mit der Frage beginnen „Brauche ich Selbstschutz? Wer oder was muss geschützt werden?"

Das, was deine Trigger-Reaktion beschützt, ist dein Selbstbild. Du bist aber nicht dein Selbstbild. Du bist der Erschaffer deines Selbstbildes. Du bist ein Bildhauer, der sich so sehr mit seinem Kunstwerk identifiziert hat, dass er glaubt, die Skulptur zu sein, die er erschaffen hat.

Dein Selbstbild basiert auf einer bloßen Annahme, einem Glaubenssatz, wie wir bei der Urwunde gesehen haben. Dein Wehrverhalten schützt diese Annahme und hält sie damit aufrecht. Mit jedem Mal, bei dem du deiner Trigger-Reaktion Recht gibst, indem du ihr glaubst, erneuerst und bestätigst du, dass du dein Selbstbild bist.

Nun: Bist du der Bildhauer oder die Skulptur?

Erkenne deine Wahrheit und folge ihr. Überprüfe und bestätige sie durch direkte Erfahrung. Sie wird dich leiten und führen, zur Entfaltung deines vollen Potenzials und damit zu wahrer Erfüllung.

KAPITEL FÜNF

REKAPITULATION

5

An dieser Stelle ist ein großes Lob an dich fällig. Wenn du die Kapitel bis hierher alle gelesen und verinnerlicht hast, dann hast du nicht nur Mut und Bereitschaft gezeigt, sondern bist dir selbst mit Güte und Offenheit begegnet – das ist ein Akt der Selbstliebe. Die innere Wahrheit so kompromisslos und genau zu ergründen zählt in unserer heutigen Zeit leider immer noch zu den Ausnahmen. In früheren Jahrhunderten wurde die Selbstergründung vor allem in Klöstern und Tempeln der Religionen und mystischen Traditionen vollbracht und nur wenige Menschen hatten Zugang dazu. Insofern können wir uns glücklich schätzen, in einer Zeit zu leben, in der uns die Werkzeuge zur Selbstergründung zu Füßen liegen.

Wir brauchen sie nur aufzuheben und zu benutzen. Welch ein Luxus, welch ein Geschenk!

Ich möchte in diesem Kapitel kurz und knapp zusammenfassen, was wir bisher auf unserem gemeinsamen Weg durch das Essenz-Modell über unser alltägliches Menschsein erfahren und erkannt haben. Es ist von enormer Wichtigkeit, das Wissen über die Mechanik und die Wechselwirkungen im Quadrat des Überlebens zu verinnerlichen. Auf deinem weiteren Weg wirst du noch eine Zeitlang mit diesen Themen zu tun haben. Jetzt sind deine Bewusstheit und Aufmerksamkeit geschärft. Daher wird dir von nun an viel öfter, schneller und unmissverständlicher auffallen, wenn du in deiner Urwunde bist, in deiner Überlebensstrategie oder Trigger-Reaktion. Und übrigens nicht nur bei dir selbst: je mehr du deine inneren Muster aufdeckst, umso mehr erkennst du sie auch bei anderen. Je mehr du sie an dir selbst akzeptierst, desto mehr wirst du sie auch an anderen Menschen akzeptieren. Das ist der Beginn von wirklicher Freiheit und Gelassenheit und tatsächlichem Mitgefühl.

Nach dem Essenz-Modell ist die Urwunde der „Big-Bang" unserer Person. Hier wird unsere grundlegende Annahme über uns selbst erschaffen. So wie der Urknall in der Theorie über die Entstehung des Universums der Beginn von allem ist – ein unendlich winziger, unendlich dichter Punkt, der ins Dasein explodiert –, so ist die Urwunde der Startpunkt unserer Persönlichkeit, aus dem heraus sich spiralförmig, in immer weiteren Kreisen, unser Selbstbild entwickelt. Die Urwunde kann daher auch als die Brutstätte unseres Egos betrachtet werden. Ab hier beginnen wir, ein Bild von uns selbst zu haben und uns mehr und mehr für dieses Bild zu halten. Wir tauschen unbewusst unsere wahre Identität gegen eine Maske ein.

Die Entstehung der Urwunde wird durch ein schmerzhaftes,

traumatisches Ereignis in unserer frühen Kindheit bedingt, in dem die kindliche Psyche in eine Überlebenssituation gerät. Um diesen Umstand zu bewältigen, erfindet der kindliche Verstand einen plausiblen Grund als Auslöser dieses Ereignisses, der in der Annahme einer eigenen Unzulänglichkeit mündet (z.B. „Ich bin nicht gut genug"). Das Kind übernimmt die Verantwortung und ist dadurch wieder handlungsfähig. Die Logik ist: Wenn ich die Ursache bin, kann ich auch etwas dafür tun, sie zu verändern. Ein guter Teil der modernen Personal-Development-Kultur baut übrigens auf diesem erfundenen Selbstdefizit auf und schlägt Methoden vor, das konstruierte, unzulängliche Selbstbild zu optimieren. Das ist vergleichbar mit dem Versuch, den Spiegel zu schminken, um sich selbst zu verschönern.

Um den in der Urwunde empfundenen Schmerz der Unzulänglichkeit zu kompensieren und nicht mehr spüren zu müssen, entwickeln wir eine Strategie, die uns das Überleben in der Welt sicherstellt. Diese Überlebensstrategie ist komplementär zur Urwunde und steht in stetiger Wechselwirkung mit ihr. Sie ist unser Navigator im Alltag, der uns sagt, wie wir sein müssen, um in der Welt bestehen zu können. Mental ist diese Strategie als Ich-Muss-Glaubenssatz formuliert (z. B. „Ich muss perfekt sein!") und hat einen imperativen, autoritären Charakter. Da die Urwunde - also das, wofür wir uns grundlegend halten - eine Erfindung ist, ist die Überlebensstrategie eine Erfindung, die auf einer Erfindung beruht. So entsteht mit der Zeit ein Kartenhaus aus Glaubenssätzen und wir glauben, dass dieses Gebäude enthält, was wir wirklich sind.

Die Arbeit und Selbstergründung mit dem Essenz-Modell ist deshalb so effektiv und unmittelbar, weil wir an die Grundpfeiler dieses Kartenhauses gehen und durch die Aufdeckung von Urwunde und Überlebensstrategie von Anfang an die untersten Karten herausziehen, während andere Modelle sich damit beschäftigen, die obersten Karten neu zu arrangieren. Unser Wurzelglaube wird bei diesen Methoden nie beleuchtet und in Frage gestellt.

Ich gebe zu, dass die Arbeit mit dem Essenz-Modell mitunter intensiv und emotional eruptiv sein kann und daher richtet es sich primär an Menschen, die aus ihrem tiefsten Innern heraus bereit und willens sind, die eigene Wahrheit zu entdecken. Was wir beim Essenz-Modell in Kauf nehmen oder sogar provozieren, ist, dass es fürs Ego unbequem wird und unsere Komfortzone aufgemischt wird.

Auf diese Weise erkennen wir sehr schnell unsere Trigger-Reaktion, also die Art und Weise, mit der wir uns dagegen wehren, dass wir mit unserer Urwunde in Berührung gebracht werden. Wird unsere Urwunde berührt, glauben wir unbewusst, dass die ganze Welt unsere Unzulänglichkeit sehen kann. Und das müssen wir unter allen Umständen verhindern, um zu überleben. Die Trigger-Reaktion wird in einem Moment ausgelöst, in dem unsere Überlebensstrategie versagt. Sie ist quasi das letzte Mittel des Widerstands und drückt sich als Ableitung der archaischen Gefahrenreaktionen Kampf, Flucht oder Erstarrung aus. Die Trigger-Reaktion schützt uns und andere davor, dass unsere Urwunde offenbar wird. Indem wir voll mit ihr identifiziert sind, nährt und bestätigt sie unser illusorisches Selbstbild. Im Ausagieren unserer Trigger-Reaktion geben wir unserer Annahme über uns selbst und unserer darauf aufbauenden Überlebensstrategie recht.

Frei interpretiert ist dieser Kreislauf eine Form des Lebensrades Samsara im Buddhismus, denn jede Bestätigung, jeder Ausdruck des Glaubens an unser Selbstbild ist eine Reinkarnation der Ego-Identität und unserer Erfahrung als diese in der Welt.

Und all dieses Handeln und Tun und Wehren und Kämpfen sucht die Erfüllung einer uralten Sehnsucht: bedingungslose Liebe und Annahme so wie wir sind. In der Urwunde haben wir die Selbstverständlichkeit dieser Liebe verloren und unsere ganze Überlebensmechanik zielt darauf ab, sie zurück zu gewinnen. Hier begegnen wir einem Paradox, denn wenn wir etwas für die Liebe tun müssen, kann sie niemals bedingungslos sein. Und so jagen wir nach Belohnungen, kleinen Ersatzerfüllungen, die uns bestätigen, dass wir verdient haben, wonach wir streben und die uns versichern, dass unsere Überlebensstrategie funktioniert.

Die Belohnung ist also die Unterschrift auf unserem Laufzettel zur Glückseligkeit. Sie besiegelt, dass wir in Ordnung sind, wenn wir uns nur genug anstrengen und hält so unser Hamsterrad auf Hochtouren. Wir glauben dabei, dass wir uns linear von einem Startpunkt aus (der irgendwo in der Vergangenheit liegt) hin zu einem goldenen Ziel bewegen und bemerken nicht, dass wir die ganze Zeit lediglich im Kreis laufen, einem Kreis des stetigen Werdens und Vergehens.

Diese Zusammenhänge und tieferen Wahrheiten mit dem Verstand zu erkennen und mit dem Herzen zu sehen – darauf kommt es an. Es geht im Essenz-Modell nicht darum, irgendetwas zu verändern, zu verbessern oder zu vernichten. Alles, was ist und war, ist in Ordnung exakt so, wie es ist und war. Denn es hat uns genau an diesen Punkt hier und jetzt gebracht, an dem wir diese wunderbare Chance haben, uns zu erkennen, uns anzunehmen und sein zu lassen, so, wie wir in diesem Augenblick sind. Wir beobachten und erkennen, beobachten und erkennen. Und mit jeder Erkenntnis wächst unsere gesamte Bewusstheit über uns selbst. Wir verstehen mehr und mehr, dass wir Leben nicht tun müssen (und nie getan haben), sondern vielmehr gelebt werden, von etwas, das wir nicht in Worte fassen können. Und falls aus dieser Bewusstheit heraus eine Veränderung förderlich erscheint, wird sie von allein stattfinden, mühelos und ohne unser angestrengtes Tun.

Dieses Etwas, das uns lebt und belebt, können wir auch als „Quelle“ bezeichnen. Diese Quelle ist jenseits der Worte. Und doch ist sie in uns und alle Worte kommen aus ihr. Dieser Quelle entspringt pure Lebensfreude, Weisheit und wahre Erfüllung. Aus ihr fließt die Tinte, die unsere Lebensaufgabe schreibt.

Du trägst eine Einzigartigkeit in dir. Eine besondere Gabe, die es in dieser Form nur einmal so gibt. Das gilt für jeden Menschen. Du bist in dieser Welt, um deine Einzigartigkeit der Welt zu schenken und von den Einzigartigkeiten aller beschenkt zu werden. Als Mensch haben wir die wunderbare Gelegenheit, ein bewusster Beitrag für die Welt zu sein und durch diesen höheren Sinn tiefe, dauerhafte und wahrhaftige Erfüllung zu erfahren.

Bernhard, 61 Jahre, ehemaliger CFO (Chief Financial Officer)

Die Arbeit mit Jürgen Dluzniewski und die Entwicklung meiner Essenzen im Essenz-Modell

Im März 2009 habe ich Jürgen im Rahmen eines firmeninternen Führungskräftetrainings kennengelernt. Zu diesem Zeitpunkt bin ich Anfang Fünfzig und als CFO („Finanz“-Prokurist) in der obersten Führungsriege einer internationalen Firmengruppe angekommen.

Beruflich wie geschäftlich läuft alles rund: Das Unternehmen entwickelt sich prächtig, wir können jährliche Wachstumsraten vorweisen, es geht stetig und überall aufwärts. Im Kollegenkreis innerhalb der Geschäftsleitung verstehen wir uns ausgezeichnet. Von meinen Mitarbeitern werde ich als „streng, aber fair" bezeichnet. Ich werde geschätzt, alle kooperieren hervorragend, wir springen von Erfolg zu Erfolg. Privat ist ebenfalls alles gut und stabil: Als Familie sind wir glücklich. Gesundheitlich bin ich topfit und von Krankheiten verschont. Der berufliche Stress ist zwar spürbar, sogar sehr stark, aber er macht Spaß. Durch Marathonlaufen und den Genuss von Süßigkeiten kompensiere ich den Stress. Meine berufliche Position, mein Einkommen, meine Familie, die knapp bemessene Freizeit - alles empfinde ich als perfekt und erfüllend. Dennoch beschäftigen mich seit einigen Jahren, etwa ab einem Alter von Ende Vierzig, zwei unterschiedliche Fragenblöcke zunehmend stärker.

Ich frage mich zum einen: Warum erlebe ich wieder und wieder die gleichen Enttäuschungen? Wieso schlittere ich aus den verschiedensten Anlässen und unterschiedlichsten Ausgangslagen immer in ein – mein eigenes – immer gleiches negatives Verhaltensmuster? Wieso läuft hier das gleiche Verfahren, der gleiche „negative Film" in schier unendlicher Wiederholung ab? Was sind das für Blockaden, die meine Handlungen ausbremsen? Warum bin ich in derartigen Situationen wie erstarrt?

Zum anderen beschäftigt mich die Frage: Was macht mich wirklich glücklich? Ja, der Beruf, die Familie, die Freizeit bereiten mir Freude: Alles scheint stimmig. Dennoch gibt es einzelne, spezielle Situationen, die besonders beindruckend und erfolgreich sind. Wieso erfüllen mich bestimmte Projekte, Situationen, Aufgaben in ganz besonderer Weise – stärker als alles andere? Was ist hier anders? Wie, wann, warum kann ich hier eine tiefe Erfüllung finden? Und nicht zuletzt: Wie kann ich das „hierbei bin ich einfach glücklich" ausbauen?

Vielleicht kommen Ihnen, liebe Leser, diese Fragen bekannt vor. Vielleicht geht es Ihnen gerade ähnlich.

Antworten auf die erste Fragestellung, in der das wiederholte Erleben von Enttäuschungen thematisiert wird, habe ich im September 2010 gemeinsam mit Jürgen erarbeiten können. Mit seiner Unterstützung bin ich auf meine große kindliche Verletzung, meine so genannte „Urwunde", gestoßen. Ich habe erkannt, dass ich mich in bestimmten Situationen als „klein und hilflos" empfinde. Jedes Mal, wenn ich mich, aus welchen Anlässen auch immer, in diese Situationen hineinversetzt gefühlt habe, hat sich folgende Maschinerie in Gang gesetzt: Urwunde – Überlebensformel – Trigger – Belohnung. Diese Maschinerie mit ihren vier Essenzen wird im Essenz-Modell als das „Quadrat des Überlebens" bezeichnet. Ich selbst bezeichne es ergänzend als mein „Hamsterrad". Ich persönlich reagiere zunächst mit Erstarrung, wenn ich in meiner Urwunde getriggert bin (andere Trigger-Typen können auch mit Angriff oder Flucht reagieren). Anschließend, nach dem Auflösen der Starre, reagiere ich heftig und hart. Diese Reaktion erfolgt auf Grund meiner persönlichen Überlebensformel, die lautet: „Ich muss groß und stark sein." Wird das Belohnungssystem angesprochen und aktiviert, löst sich diese Blockade schnell wieder auf. Ansonsten dauert es einige Stunden, bis mein emotionaler Normalzustand wiederhergestellt ist. Mit dem Wissen um diese Zusammenhänge und die für mich charakteristischen Inhalte konnte ich das Überlebensquadrat aus dem Essenz-Modell als mein individuelles Arbeitsmittel verwenden. Mit diesem Werkzeug habe ich die negativen Auswirkungen dieser Blockaden zunächst kompensieren und später ins Positive transformieren können.

Im ersten Schritt ist mit dem Erkennen meiner Urwunde zugleich die Klarheit entstanden, die die Mechanik des Überlebensquadrates auszeichnet. Gleichzeitig wurde mir bewusst, dass die Urwunde ein unabänderlicher Bestandteil meines Lebens ist und immer sein wird, denn: Ich kann nicht aus meiner Haut heraus. Verändern kann ich allerdings die Mechanik, also meine Einstellung zu den jeweiligen Situationen. Von außen kommende Trigger sind nicht zu verhindern, aber ich weiß jetzt um die Maschinerie, die jahrelang angelaufen ist und auch immer wieder anzulaufen versucht: Denn schließlich hatte es ja im Grunde genommen fast 50 Jahre lang so funktioniert. Jetzt kenne ich allerdings die Abläufe: Heute weiß ich, dass ich mich damals in meiner „Urwunde" als „der Kleine", klein und hilflos gefühlt habe. Zum damaligen Zeitpunkt war dies auch gut und richtig. Heute jedoch gilt das für mich als „der Große" nicht mehr. Mit dem Wissen, das ich mir mit Jürgens Unterstützung erarbeitet habe, ist es mir gelungen, den Startknopf für diese durch die Urwunde ausgelöste Mechanik auszuschalten.

Der erste Schritt der Kompensation, und mit ihm das Stoppen der Blockade-Mechaniken, ist erreicht: Blockaden aus Trigger-Situationen entstehen nicht mehr, vielmehr werden nun Energien freigesetzt. Bevor ich mit der Transformation von Energien aus diesen Blockadesituationen zum zweiten Schritt meiner Entwicklung im Rahmen des Essenz-Modells komme, möchte ich meine Erfahrungen mit den anderen drei Essenzen aus dem so genannten „Erfüllungsdreieck" beschreiben.

2012, also drei Jahre nach meiner ersten Begegnung mit dem Essenz-Modell, sind dank meiner Kenntnisse des Überlebensquadrats die mir unangenehmen Situationen erheblich seltener geworden: Mein Ärger und auch der mit ihm einhergehende Stress werden immer geringer. Ich habe die Mechanik meines „Hamsterrads" klar erkannt und kann sie effektiv kompensieren. Dennoch werden Folgen des beruflichen Stresses spürbar: Die Arbeitsanforderungen empfinde ich zunehmend als nur schwer realisierbar, ebenso fällt es mir merklich schwerer, beim Arbeitstempo mitzuhalten. Die empfundene Arbeitsbelastung steigt, der berufliche Abstieg hat eingesetzt. Kollegen und Weggefährten aus der eigenen Hierarchieebene werden entlassen. Bereiche werden umstrukturiert und Funktionen jüngeren Kollegen zugeordnet. Kompetenzen werden (weg-)verlagert. Kollegen und Mitarbeiter sehen mich als „gefallenen Manager". Meine Psyche leidet. Ich mache mir Sorgen: Kommt etwa ein Burn-Out? Bald zeigen sich Verschleißerscheinungen in Form von physischen Erkrankungen.

Vielleicht kommen Ihnen, liebe Leser, auch diese Entwicklungen bekannt vor. Vielleicht haben Sie sie an sich selbst, bei Ihrem Lebenspartner oder in ihrem Umfeld wahrnehmen können.

Mir hat in dieser Situation das Essenz-Modell mit dem Erfüllungsdreieck eine weitere wertvolle Hilfestellung und Wegweisung gegeben. Mit der Ausarbeitung meiner drei persönlichen Essenzen der Einzigartigkeit – der Werte – meines Beitrags für die Welt erscheinen mir plötzlich die Antworten aus dem zweiten Fragenkomplex klar vor Augen: „Was macht mich einfach glücklich?" „Wo, wie und wann kann ich persönlich meine tiefe Erfüllung finden?" Nachdem ich erkannt hatte, dass meine persönliche Einzigartigkeit darin besteht, „...komplexe und schwierige Situationen transparent zu machen und aufzulösen", begann ich, mir entsprechende Fachaufgaben zu suchen, die ich höchst erfolgreich und mit viel Freude bearbeitet habe. In dieser Zeit habe ich gerne ein Coaching mit Jürgen in Anspruch genommen: Ab 2011 hatten wir immer zur Wintersonnenwende einen gemeinsamen Strategietag. Ausgehend von der Erarbeitung und Überprüfung meiner sieben persönlichen Essenzen – vier aus dem Überlebensquadrat und drei aus dem Erfüllungsdreieck – rückten wir schließlich die jeweilige Strategie und Entwicklung des kommenden Jahres in den Fokus unserer gemeinsamen Betrachtungen.

2014 war mein persönliches Essenz-Modell in seiner jetzigen Version fertiggestellt. Nachdem meine Werte und mein Beitrag für die Welt „… ich lebe, damit Menschen ein zufriedenes und erfülltes Leben führen können" für mich geklärt waren, habe ich mit der Umsetzung dieser neuen Erkenntnisse begonnen: Ich wollte mich neu erfinden und habe mich letztlich auch neu erfunden. Sowohl die sorgfältig geplante und mit dem Unternehmen abgestimmte „Exit-Strategie" aus dem Managerberuf hinaus als auch der Beginn einer neuen Rolle im Leben bauen auf meine persönlichen Essenzen nach dem Essenz-Modell auf, geleitet von dem Gedanken „Altes in Frieden und Freundschaft beenden. Neues, Erfüllendes beginnen." So habe ich 2017, frei nach dem Motto „60 ist die neue 35", meinen neuen Wirkungskreis als Coach des Essenz-Modells und als Heilpraktiker begonnen. Dies bedeutet für mich: Arbeiten innerhalb des

Erfüllungsdreiecks, arbeiten an und mit dem, was mich erfüllt, was mich glücklich macht. Arbeiten, was mir ermöglicht, meinen individuellen Beitrag für die Welt zu leisten.

Mein Jahr 2018 war davon geprägt, die Philosophie des Essenz-Modells zu durchdringen. Im Essenz-Modell haben Sie, liebe Leser, den Baustein des Überlebensquadrats als einen Spiegel unseres Egos kennengelernt. Dieser Spiegel zeigt uns unsere Blockaden und Reaktionen. Neben ihm tritt als zweiter Baustein das Erfüllungsdreieck, in dem Dinge sichtbar werden, die uns glücklich machen, die unsere Seele vertreten. Verbunden sind beide Bausteine über einen dritten Baustein, die so genannte „Komfortzone". In ihr liegt Ihr – ja unser aller – Schlüssel zum glücklichen, erfüllten Leben. Die Energien unserer Überlebensformel werden hier ins Starke und Positive, in das Erfüllungsdreieck, transformiert. Wir können externe Situationen, die uns triggern, zwar nicht verhindern, wir wissen jedoch um die Mechanik unserer Überlebensformel. Wir haben gelernt, dass diese Mechanik immer in uns arbeitet. Aber wir wissen auch, wie wir die Blockaden am Starten hindern. Dank des Essenz-Modells kennen wir unsere Werte, wir wissen um unsere Einzigartigkeit in der Welt. Wir können erkennen, was uns erfüllt, was uns glücklich macht. Wenn wir genau in dem Moment, nachdem wir getriggert wurden und unsere Blockaden anspringen wollen, uns nicht nur darauf besinnen, dass wir nicht mehr in unserer Urwunde sind, sondern uns zusätzlich auf unsere Werte und unsere wunderbare Individualität konzentrieren, erreichen wir die Transformation: So wandeln sich beginnender Groll in Wohlwollen, Ärger und Wut in Zuneigung und Sanftmut, Traurigkeit und Kummer in Freude und Bitterkeit in Wärme und Milde. Dies ist die besondere Wirkung des Essenz-Modells: Die Verbindung der beiden Bausteine über die Komfortzone, die eine Transformation zulässt und uns erlaubt, erstaunliche Fortschritte und enorme Kräfte zu entwickeln und zu fühlbaren Ergebnissen zu gelangen.

Mit der Lektüre dieses Buches haben Sie, liebe Leser, die Möglichkeit, Ihre Individualität mit all ihren Facetten und der Ihnen innewohnenden

Kraft zu erkennen. Für Ihren ganz persönlichen Weg zu Ihrer Quelle wünsche ich Ihnen alles Gute. Mit dem Essenz-Modell haben Sie ein wunderbares Werkzeug: Denken Sie nicht allzu viel darüber nach, probieren Sie es einfach mal aus. Mal einfach machen, einfach mal machen – Sinn finden, Sinn geben, sich auf den Weg zur Quelle machen.

Alles Liebe und Gute!

Bernhard

TEIL ZWEI

DAS DREIECK DER ERFÜLLUNG

II

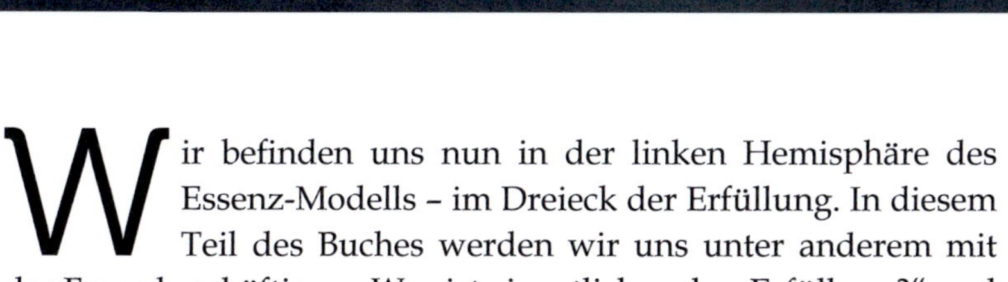

Wir befinden uns nun in der linken Hemisphäre des Essenz-Modells – im Dreieck der Erfüllung. In diesem Teil des Buches werden wir uns unter anderem mit der Frage beschäftigen „Was ist eigentlich wahre Erfüllung?" und „Warum scheint sie so unerreichbar zu sein?" Wir werden auf die Suche nach deiner Einzigartigkeit gehen und ergründen, was eine Lebensaufgabe ist und was sie unterscheidet von unserem auf Überlebensstrategien basierenden Tun in der Welt.

Doch bevor wir so tief einsteigen, möchte ich zuerst einmal das Dreieck der Erfüllung als Ganzes in Augenschein nehmen und dabei die Symbolik und Dynamik zwischen den einzelnen Aspekten erläutern. Wir sind nämlich nun in einer gänzlich anderen Dimension unseres Seins angekommen. Hier regiert nicht das Ego, sondern die Seele. Du wirst schnell spüren, wie sich hier alles leichter und luftiger anfühlt, als eben noch.

Das Dreieck kommt in vielen Kulturen, Völkern und Traditionen als Symbol Gottes vor. Vereinzelt findet es spezifisch Ausdruck für die Seele als göttlichem Aspekt des Menschen. Die drei Seiten stehen in der Ethik mintunter stellvertretend für rechtes Reden, rechtes Denken und rechtes Handeln, oder auch für Liebe, Wahrheit und Weisheit. Das Dreieck symbolisiert ferner die Zusammenführung zweier Kräfte oder Aspekte. Zwei Kräfte verbinden sich zum harmonischen dritten Punkt. In der christlichen Spiritualität verkörpert es außerdem die Dreieinigkeit von Vater, Sohn und heiligem Geist.

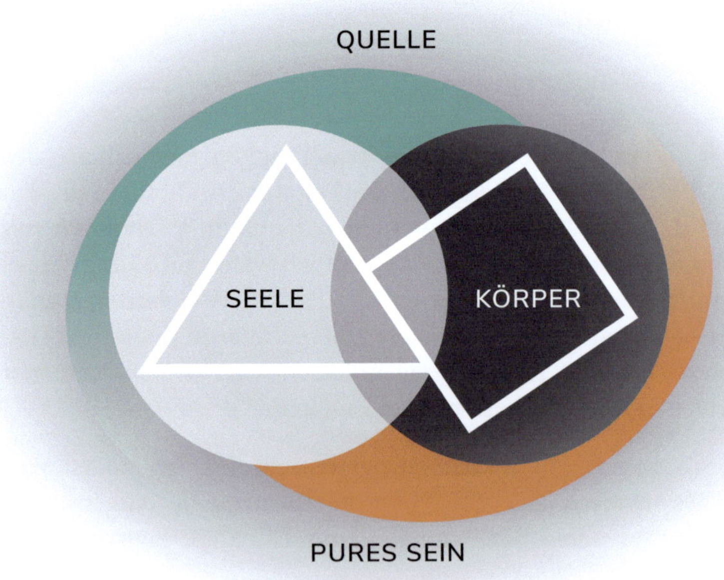

Im Essenz-Modell steht das Dreieck für die Dimension des Göttlichen im Menschen, oder auch der Seele. Hier kommen drei Aspekte unserer Seele zusammen und bilden in dieser Harmonie wie ein Klavierakkord etwas Neues, eine höhere Schwingung. Unsere Einzigartigkeit verbindet sich mit unseren wahren Werten und erhält durch unseren Beitrag für die Welt eine Wirkungsrichtung, einen Sinn. Was sich aus diesem Gleichklang der seelischen Aspekte formt, ist so einmalig, wie wir selbst: unsere Lebensaufgabe.

Die Lebensaufgabe ist nichts, was wir uns als Menschen im Irdischen Dasein ausdenken oder aussuchen können. Sie ist immer schon da und wir haben sie quasi absichtlich in dieses Leben mitgebracht. Um unsere Lebensaufgabe zu erkennen, ist es notwendig, dass wir alle Aspekte des Dreiecks der Erfüllung erstens verstehen und zweitens in unser Bewusstsein bringen. Erkenntnis ist erforderlich. Man könnte auch sagen „Erinnerung", denn wie gesagt, ist unsere Lebensaufgabe nichts Neues, nichts, was jetzt oder später entsteht, weil wir irgendwie schlauer, selbstbewusster oder mutiger geworden sind.

Was aber hat das alles mit Erfüllung zu tun? Wahre Erfüllung erleben wir, wenn wir uns im Einklang mit dem Universum befinden. Wenn unsere Seele sich selbst wiedergefunden hat, in dem Sinne, dass sie wieder bewusst weiß, warum sie dieses Leben in dieser Zeit und an diesem Ort gewählt hatte, sind wir in der Lage, unser wahrhaftiges Potenzial auszudrücken und als Gabe an die Welt zu geben. Dieser Akt, in der einzigartigen Ausprägung eines jeden Individuums, ist das Höchste, was wir als Menschen tun können. Wenn auf diese Weise die vorgeburtliche Vision unserer Seele Wirklichkeit wird, erleben wir tiefste Erfüllung. Eine Qualität von Erfüllung, die mit keiner materiellen Befriedigung vergleichbar ist.

Und diese Erfüllung ist andauernd, solange wir unsere Lebensaufgabe mit Bewusstheit, Aufrichtigkeit und Integrität verfolgen – uns ihr ergeben und uns von ihr leben lassen.

Das klingt für dich vielleicht jetzt noch wie ein Opfer, dass du erbringen musst. Worte wie „Hingabe" haben in unserer heutigen Zeit häufig eine Konnotation von Passivität, Emotionalität oder gar Kontrollverlust. Aus Sicht des Egos ist das nachvollziehbar, doch aus der Perspektive der Seele ist Hingabe, das Sich-Hingeben, das Eintauchen in und Eins-Sein mit der Quelle.

Wenn wir in der Tiefe verstanden haben, dass der Drang nach Kontrolle der Versuch der illusorischen Ego-Identität ist, ihren Überlebenskampf vorhersehbar zu machen, dann können wir beginnen, den Kontrollimpuls mehr und mehr loszulassen. Loslassen ist nichts anderes, als etwas sein zu lassen exakt so, wie es ist. Das bedeutet, dass wir weder versuchen es loszuwerden, noch es festzuhalten. Genau in der schmalen Lücke zwischen diesen beiden Extremen finden wir natürliche Gelassenheit. Indem wir uns selbst sein lassen, sind wir gelassen, weil wir uns selbst gelassen haben. Und das wiederum ist Hingabe, denn wir erlauben, dass nicht unser Ego, sondern das Leben in seiner kosmischen Gesamtheit bestimmt, wohin unsere Reise geht.

KAPITEL SECHS

DIE EINZIGARTIGKEIT

6

Die abendländische Zivilisation, geführt und geprägt durch die christliche Religion, lehnte über annähernd zwei Jahrtausende die Einzigartigkeit des Individuums ab. Gott allein wurde als einzigartig gesehen. Der normale Mensch hatte von Natur aus nichts Besonderes, keine Einzigartigkeit, kein Talent - wenn überhaupt, wurde Talent von Gott an auserwählte Menschen geschenkt.

Tatsächlich wurde Talent oft im Gesamtzusammenhang von künstlerischen Tätigkeiten oder außergewöhnlichen, seltenen und kaum zu erreichenden Fähigkeiten gesehen. Das Interessante dabei ist jedoch, dass das Wort Talent von jeher eine besondere

Eigenschaft beschreibt, die man hat oder nicht. Dies wiederum bedeutet, es ist grundsätzlich vorhanden. Man muss es sich nicht erwerben, es ist keine Kompetenz die man erlernen muss, sondern etwas, das in jedem von uns schlummert und erweckt werden kann.

Ich gehe sogar noch einen Schritt weiter und behaupte, dass die Einzigartigkeit von jedem von uns schon immer aktiv ist und in unserem Leben und Handeln wirkt. Nur, solange wir absolut identifiziert sind mit unseren Überlebensmustern, ist unsere Einzigartigkeit mit unseren Glaubenssätzen sehr eng verwoben – wie eine warme Strömung mit dem kalten Ozean. Daher sind wir uns ihrer nicht bewusst. Manch einer mag eine vage Ahnung haben, was sein tieferes Talent ist, ein anderer glaubt, er sei in überhaupt nichts besonders.

Und dennoch wirkt unsere Einzigartigkeit in der Welt. Es ist unsere Seele, die unser Dasein, unsere Interaktionen und Handlungen mit dieser Einzigartigkeit einfärbt; und wenn es nur als Hauch wahrnehmbar ist. Wir müssen unsere Einzigartigkeit bewusst entdecken. Wir müssen sie einladen, uns offenbar zu werden. Und genau davor haben wir enorme Hemmungen, weil wir durch unsere Kultur konditioniert wurden, uns für gewöhnlich, durchschnittlich und unbedeutend zu halten. Wir kennen alle die Reaktionen unserer Eltern und Lehrer, in Momenten, in denen wir uns als Kinder für etwas Außergewöhnliches gehalten haben. „Sei nicht eingebildet“, „Du glaubst wohl, etwas Besonderes zu sein“, „Wieso kannst du nicht normal sein, wie die anderen auch?“ und so weiter.

Warum wurden wir so herabqualifiziert? Ich denke, die abendländische Religion hat einen großen Anteil daran, weil hier der Mensch als der arme Sünder, der er nun einmal von Geburt an ist, nicht einzigartig sein kann. Durch die christliche Tradition sind wir äußerst rigide in dieser Schuldfrage verhaftet. Der Mensch ist von Anbeginn schuldig, weil er eine Erbsünde begangen hat und entsprechend wertlos ist. So wurde es über Jahrhunderte in unserem kollektiven Bewusstsein von den kirchlichen Autoritäten verwurzelt. Erst wenn wir Gottes Zehn Gebote erfüllen, dann gibt es vielleicht eine Chance, ins Paradies zu kommen und unsere Einzigartigkeit zurück zu erlangen.

Genau bei diesem Dogma setzt das Essenz-Modell an. Es räumt mit dem von Generation zu Generation überlieferten Glaubenssatz auf, dass der Mensch nichts Besonderes sei. Anstelle dessen steht die Haltung, dass jeder ein Talent, eine individuelle Einzigartigkeit besitzt. Doch Talent wird nun anders definiert. Einzigartigkeit wird nicht mehr darauf bezogen, ein begnadeter Pianist, ein großartiger Maler oder unbesiegbarer Athlet zu sein, sondern als etwas verstanden, das natürlich und essenziell in jedem von uns existiert und nur darauf wartet, entdeckt zu werden. Im Grunde heißt das nicht weniger, als dass wir eine eigene, innere, kulturelle Revolution stattfinden lassen müssen. Eine Revolution, die uns ermöglicht, unsere kollektive Prägung der Erbsünde, des Kleinseins und der kosmischen Bedeutungslosigkeit ein für alle Mal zu überwinden.

Der Diamant in deiner Tasche

Es war einmal vor langer Zeit irgendwo in Asien, da lebte ein talentierter Meisterdieb, der sich darauf spezialisiert hatte, nur die außergewöhnlichsten und kostbarsten Juwelen zu stehlen. Er hielt sich gern im Juwelierviertel der Stadt auf, um zu beobachten, wer einen Edelstein kaufte. Hatte er einen Käufer entdeckt, der einen besonderen Stein kaufte, schlich er ihm nach und stahl ihm, in einem geeigneten Moment, den Edelstein aus der Tasche.

Eines Tages sah er, wie ein weit bekannter Juwelier einen Edelstein erwarb, auf den der Dieb sein ganzes Leben schon gewartet hatte. Der Dieb war außer sich vor Erregung und Freude, denn der Stein war absolut makellos, der schönste und reinste Diamant, den er jemals gesehen hatte! Also folgte er wie gewohnt dem Käufer, um ihm den Diamanten in einem geeigneten Moment abzuluchsen.

Und als der Juwelenhändler in einen Zug stieg, nahm der Dieb denselben Zug und schaffte es mit geübter Geschicklichkeit, einen Platz im selben Abteil zu ergattern. Die Zugreise dauerte mehrere Tage und der Dieb versuchte die gesamte Zeit über, den Diamanten aus der Tasche des Juweliers zu stehlen. Als das Ende der Reise nahte und er den Diamanten immer noch nicht in seinem Besitz hatte, fühlte sich der Meisterdieb sehr frustriert und verstand die Welt nicht mehr: Er war ein versierter, routinierter und erfahrener Dieb und obwohl er all seine Fähigkeiten eingesetzt hatte, war es ihm nicht gelungen, an diesen seltenen, kostbaren Diamanten zu kommen.

Als der Juwelenhändler aus dem Zug stieg, folgte ihm der Dieb ein weiteres Mal. Schließlich konnte er sein Misslingen nicht mehr ertragen. Er ging auf den Juwelier zu und sagte „Mein Herr, ich bin ein berühmter Juwelendieb. Ich habe gesehen, wie sie einen wunderschönen Diamanten erwarben. Also folgte ich ihnen in den Zug. Obwohl ich alle meine Künste und Tricks anwendete, die ich über viele Jahre perfektioniert habe, ist es mir nicht gelungen, diesen Edelstein bei Ihnen zu finden. Bitte, mein Herr, verraten Sie mir Ihr Geheimnis! Wie haben Sie den Diamanten vor mir versteckt?“

Der Juwelenhändler antwortete „Nun, ich habe bemerkt, wie Sie mich beim Kauf des Diamanten beobachteten und vermutete daraufhin, dass sie ein Taschendieb sind. Also versteckte ich den Diamanten dort, wo ich sicher war, dass Sie ihn am wenigsten suchen würden - in Ihrer eigenen Manteltasche!" Und so griff er in die Tasche des Diebes und nahm den Diamanten wieder an sich.

Im Hamsterrad unseres Lebens sind wir wie der Dieb. Wir denken und handeln aus der Perspektive unseres eigenen Vorteils. All unsere Motivationen und Handlungen scheinen von dieser stillen Frage durchdrungen zu sein: „Was bringt es mir? Was habe ich davon?" So werden wir im Laufe unseres Lebens zu Meistern unserer Überlebensstrategie und rühmen uns damit, über andere Menschen - und nicht zuletzt das Leben selbst - zu triumphieren. Und während wir so sehr damit beschäftigt sind, in der Welt zu gewinnen und unser erträumtes Ideal zu erreichen, entgeht uns das Kostbarste, das wir in diesem Leben haben: die Einzigartigkeit in uns selbst. Wir glauben durch unsere Erziehung, Konditionierung und unser kulturelles Erbe, dass unser kostbarer Diamant irgendwo dort draußen ist. Dass wir uns anstrengen müssen, hart arbeiten, um ihn zu bekommen. Dass wir ihn uns verdienen müssen. Und selbst dann ist nicht sicher, dass wir ihn auch wirklich bekommen. Glück gehöre außerdem dazu, erzählt man uns.

Wir versuchen dem Leben den Diamanten abzujagen und verpassen dadurch unsere eigene Wahrheit: der Diamant, den wir suchen, ist unsere eigene Essenz. Er ist längst, ja schon immer, in uns. Wir können sogar noch einen Schritt weiter gehen uns sagen: Wir sind selbst das Juwel, das wir suchen. Wer hätte damit gerechnet!

Bei unserer Selbstergründung mit dem Essenz-Modell suchen wir also eine Einzigartigkeit ins uns, die schon immer da war. Sie ist nichts Erlerntes oder Antrainiertes. Sie ist eine Schwingung unserer Seele, wie ein farbiges Leuchten, das unser Innerstes durchzieht. Da wir es nicht mehr gewohnt sind, unsere Sinnesantennen fein und offen nach innen zu justieren, kann es eine Weile dauern, bis wir diesen prächtigen Klang ins uns wahrnehmen. Am Anfang vielleicht noch ganz leise und zart, aber dann, wenn wir uns unserem unbändigen Potenzial öffnen und anvertrauen, immer klarer, umfassender, lieblicher - und ja - erfüllender.

Die Natur unserer Einzigartigkeit

Wenn das Göttliche das All-Eine ist, dann ist alles, was ist, das Göttliche, das Alleinige - das Einzige. Einzigartigkeit ist somit etwas, das von derselben Art ist wie das Einzige. Einzigartigkeit ist Göttlichkeit. Deine Einzigartigkeit ist das göttliche Saatkorn in dir, dein essenzielles Potenzial, das sich durch deine irdische Form in einmaliger Art und Weise manifestieren will. Nun mag mich der eine oder andere der Blasphemie bezichtigen, doch das wäre nur möglich, wenn man Gott als etwas von allem Getrenntes ansieht. Und das widerspräche jeder Auffassung von Gott.

Es gibt etwas in dir, das einzigartig ist. Etwas, das nicht gelernt, nicht entwickelt, nicht konditioniert, nicht kopiert und nicht gespielt ist. Es ist das Authentischste in dir, das du finden kannst. Es hat nichts damit zu tun, wofür du dich hältst oder wer du glaubst, zu sein. Deine Einzigartigkeit ist kein konkretes „Ding" in dir, das greifbar und begrenzbar wäre. Es ist vielmehr die Tendenz des göttlichen Potenzials in dir, sich durch dich als Mensch auszudrücken.

Deine Einzigartigkeit ist eine Gabe, eine Gabe des Universums durch dich hindurch, gefärbt durch dich, an die Welt. Doch sie hat nichts mit der alten Vorstellung von Talent zu tun. Deine Einzigartigkeit ist das Göttliche, das sich durch dich als Kanal in der Welt manifestiert. Es ist nichts, was du tust oder tun könntest - du bist es bereits. *Sein* kann man nicht tun. *Sein* kann man auch nicht werden. Insofern kannst du deine vorhandene Einzigartigkeit lediglich erkennen. Das klingt jetzt so, als würde ich andeuten, dass da ein Du ist, das seine Einzigartigkeit erkennt. Das trifft es nicht ganz, denn in Wirklichkeit ist es Einzigartigkeit, die sich selbst erkennt. Und diesen Moment erleben wir als Offenbarung.

In den Essenz-Modell-Workshops, die ich halte, ist dieser Augenblick, in dem sich die Einzigartigkeit eines Teilnehmers offenbart, ein zeitloser, geradezu heiliger Moment. Zeitlos deshalb, weil es mit dem Erkennen der Einzigartigkeit kein Vorher und Nachher mehr gibt. Es gibt kein „vor dem Erkennen" und „nach dem Erkennen", weil augenblicklich bewusst ist, dass die Einzigartigkeit schon immer da war und schon immer gewusst war. Wir haben bloß so getan, als hätten wir sie vergessen.

In der hinduistischen Tradition wird dieses göttliche So-Tun-Als-Ob „Lila" genannt, das große göttliche oder kosmische Versteckspiel, das sich im Menschlichen auch als die Paarungen von Vergessen-Erinnern sowie Unbewusst-Bewusst darstellt.

Bist du bereit, deine Einzigartigkeit zu erkennen? Die folgende Übung ist so gestaltet, dass sie dir hilft, in deiner Erinnerung Hinweise für deine Einzigartigkeit zu finden. Da deine Einzigartigkeit immer schon da ist, hat sie in deinem Leben Spuren hinterlassen, in Form von Erlebnissen, in denen du dich verbunden gefühlt hast mit dem Leben und vielleicht sogar mit dem gesamten Kosmos.

MEDITATION

Was gibt mir Sinn und Erfüllung?

Suche dir einen Platz, an dem du ungestört bist und zur Ruhe kommen kannst. Du kannst sitzen oder liegen, ganz so, wie es dir am bequemsten ist. Lass deine Aufmerksamkeit nun allmählich von der äußeren Welt in deine innere Welt wandern. Erlaube ihr einfach, diesem leisen Ruf deiner Seele nach innen zu folgen und mehr und mehr wahrzunehmen, was da drinnen gerade los ist. Deine Augen schließen sich sanft und mit jedem Atemzug machst du einen weiteren Schritt in die heiligen Hallen deiner Seele.

Es ist völlig natürlich, wenn du dir selbst diesen Moment nimmst, um in dein Inneres zu lauschen. In der Tat ist es erstmal ein wortloses Lauschen – du hörst in dich hinein mit deinem ganzen Körper. So, als würdest du versuchen, ein weit entferntes, kaum hörbares Geräusch wahrzunehmen. So werden deine Sinne weit und offen und empfindsam für die subtileren Schwingungen und Bewegungen in dir. Bleib ein bisschen bei dieser Wahrnehmung und bemerke, wie du immer feinere Nuancen entdeckst.

In diese tiefe Offenheit hinein lasse nun die folgende Frage fallen: „Was ist meine wichtigste, erfolgreichste Erfahrung mit anderen?"

Vielleicht taucht ein Bild in dir auf. Es kommt aus deiner Erinnerung und zeigt eine Szene in deinem Leben, in der du dich in Interaktion mit anderen Menschen rundum wohl, beseelt, erfüllt und verbunden gefühlt hast. In diesem Moment hatte dein Leben einen Sinn und dein Anteil daran war wunderbar. Du warst im Fluss mit dem Moment selbst.

Stelle dir nun die Frage: „Was genau war mein Anteil? Woraus bestand er? Was war meine Rolle?"

Bleibe entspannt in diesem Bild und fühle dich jetzt noch genauer, noch tiefer hinein, gleich so, als würdest du in einer atemberaubenden Landschaft stehen und alle dich umgebende Schönheit in dich aufnehmen, ja hineinsaugen, wollen.

Mache dir klar, dass du gerade eine besondere Entdeckung in dir selbst machst und tauche mit dieser Erfahrung langsam und behutsam wieder auf, indem du dreimal tief ein- und ausatmest. Öffne dann wieder die Augen und nimm wahr, wo du bist und wieviel Zeit vergangen ist.

Ralf, 46 Jahre, Marketingexperte

Meine Einzigartigkeit klar herauszufinden war für mich besonders schwierig, weil ich oft Belohnung mit Erfüllung verwechselt habe. Wenn man bisher sein ganzes Leben nach Belohnungen gestrebt hat, ist so ein Ego verdammt gerissen, selbst wenn man meint, man wäre noch so sachlich reflektiert. Am Anfang habe ich meine Einzigartigkeit in Verbindung mit meiner Arbeit definiert: Ich bin der, der komplexe Zusammenhänge, verständlich darstellt. Stimmt, aber wenn ich ehrlich bin mache ich das überwiegend im Job, und privat nur bei Bedarf. Das war es nicht, was mich bedingungslos erfüllt. Das ist zu klein gedacht. Jürgen sagte in den Workshops immer wieder: „Das muss aus Deinem Innersten herausbrechen und Dich bewegen, wenn Du es sagst." Aber das tat es nicht. Danach habe ich meine Einzigartigkeit dahingehend abgewandelt, dass ich formulierte: Ich bin der, der scheinbar Unmögliches möglich macht. Das war schon größer, universeller und passte in alle Bereiche meines Lebens. Ich gab mich damit zufrieden, obwohl ich spürte, dass dies noch nicht ganz perfekt war. Und ihr werdet sicherlich verstehen, dass jemand der es seit Jahren perfekt recht machen muss, sich bei so einer wichtigen Formulierung wie die seiner Einzigartigkeit, nur mir der perfekten Formulierung zufriedengeben kann.

Ich habe dieses Buch bereits vor der Veröffentlichung mehrfach gelesen, auch um meinem Geist doch noch die perfekte Formulierung für meine Einzigartigkeit zu entlocken. Darüber hinaus muss ich sagen, dass mich dieses Buch auch immer dann wiederaufgebaut hat, wenn ich mal wieder im Quadrat des Überlebens zu versinken drohte. Es ist seitdem für mich ein ständiger Begleiter. An einem Abend war es mal wieder soweit und ich nahm das Buch zur Hand, um darin zu lesen. Auf einmal wurde es mir glasklar: Deine Lebensaufgabe ist viel größer als dass man sie nur auf bestimmte Bereiche oder Abschnitte deines Lebens beziehen könnte. Es ist nicht das Nehmen, sondern das Geben, ohne eine Gegenleistung dafür zu erwarten. Und das nicht nur gesagt, sondern auch intensiv gefühlt.

Ich bin der, der den Weg erhellt,
mit Klarheit, Optimismus und Sorgfalt,
damit Grenzen verschoben werden und
Sinnloses sinnvoll wird.

Als ich das ausgesprochen hatte war ich sehr gerührt. Es war perfekt. Das ist die Quelle! Vor meinem inneren Auge sah ich nun den

Schreibtisch komplett aufgeräumt mit einem großen schönen Schild im Blickfeld. Darauf geschrieben stand mit großen Buchstaben:

MEINE LEBENSAUFGABE.

Dann kamen mir einige Beispiele in den Sinn, in denen ich meine Lebensaufgabe bereits unbewusst gelebt hatte. Z. B. bei der ehrenamtlichen Arbeit wie früher bei den Pfadfindern. Viele meiner Freunde sagten damals: Das ist verschwendete Zeit und Mühe, Du bekommst ja nichts dafür! Aus der Sicht des Überlebensquadrates hatten sie vollkommen Recht. Aber heute würde ich sagen: Ich brauche Eure Belohnung nicht, weil es mich erfüllt, weil es meiner Lebensaufgabe entspricht.

Wie hat sich mein Leben seitdem geändert? Nun, ich bin nicht fortan als „Erleuchteter" durch die Welt gewandelt, habe nicht spontan den Job gekündigt, mein Umfeld gewechselt und versucht, von jetzt an nur noch Erfüllung zu suchen. Dann hätte ich das Essenz-Modell wohl auch völlig missverstanden. Ich bin achtsamer geworden. In meinem Job habe ich Möglichkeiten gefunden, meine Lebensaufgabe einzubringen. Ich bin im Alltag viel gelassener, weil ich die Mechanik des Überlebensquadrates kenne und deren Existenz akzeptiere. Ich habe mir bewusst wieder einen großen SUV bestellt, nicht weil ich den bräuchte, sondern weil ich mir das gönnen kann, will und darf. Aber ich halte auch immer öfter inne, wo ich vorher wohl unbewusst meinem Ego ausgeliefert gewesen wäre. Und immer, wenn ich mich dabei erwische, dass ich es mal wieder perfekt recht gemacht habe, beruhigt mich die Tatsache, dass ein über Jahre gereiftes Selbstbild nicht über Nacht, sondern nur durch viel Übung und Geduld toleriert und umarmt werden kann.

Ich hoffe, ich habe mit meinem Beitrag in diesem Buch jetzt gerade vielleicht auch Deinen Weg erhellt, eine Grenze verschoben und Dich ein klein wenig mehr Sinn erfahren lassen, warum Du dieses Buch gerade liest.

Wenn die Seele spricht

Unsere aufrichtige, bedingungslose Bereitschaft, die Einzigartigkeit in uns zu entdecken, ist der Schlüssel zu dieser Offenbarung. Zu Beginn mag es nur so etwas wie eine leise Ahnung sein. Doch je mehr wir uns öffnen und unsere Seele einladen, ihr Geheimnis zu entbergen, umso klarer sehen wir unsere Wahrheit. Und dann erreicht uns spontan und unerwartet die Bewusstheit unserer Einzigartigkeit. „Aha! Ja! Das ist es!" Wenn wir Wahrheit sehen, müssen wir nicht nachdenken oder abwägen, ob es stimmt. Wir wissen es einfach.

Diese Bewusstwerdung kann dich wie ein Geistesblitz aus heiterem Himmel treffen. Oder sie taucht als zunehmende Gewissheit immer deutlicher aus der Tiefe auf. Vielleicht spürst du eine Aufregung, ein Kribbeln, eine innere Vibration, denn deine Intuition empfängt die herannahende Veränderung deines Lebens lange bevor diese Information dein Nervensystem erreicht.

Wie bereits zuvor beim Erkennen deiner Urwunde und Überlebensstrategie, wird sich auch deine Einzigartigkeit in Form von Worten in deinem Geist spiegeln. Je schärfer du den Fokus auf diese Reflexion stellst, desto klarer und verständlicher fällt die Formulierung deiner Einzigartigkeit aus. Mach dir keine Sorgen, wenn die Formulierung am Anfang noch verschwommen und unbeholfen klingt. Bleib einfach dabei und halte diesen Strom der Erkenntnis in deiner Bewusstheit aufrecht. Das kannst du. Es ist deine natürliche Fähigkeit als Mensch. Allein deine aufrichtige

Absicht, Klarheit erhalten zu wollen, wird dazu beitragen, dass die Worte immer präziser beschreiben, was in deiner Seele leuchtet.

Da die Bewusstwerdung deiner Einzigartigkeit meist ein Prozess ist, der etwas Zeit dauern kann, empfehle ich dir, dass du dir die Worte aufschreibst, derer du dir gewahr wirst. Als hilfreiche Struktur und Vorlage, mit der wir im Essenz-Modell arbeiten, hat sich folgendes Formulierungsgerüst bewährt:

„Ich bin die, die …" bzw. „Ich bin der, der …"

Meine Einzigartigkeit lautet somit beispielsweise:

**„Ich bin der,
der Unbewusstes bewusst macht."**

BEISPIELE

Formulierungen von Einzigartigkeiten

- „Ich bin der, der die richtigen Worte weiß."
- „Ich bin der, der um die Ecke denkt."
- „Ich bin die, die pragmatische Lösungen findet."
- „Ich bin die Stimme, die der Liebe dient."
- „Ich bin ein göttlicher Funke, der Ideen manifestiert."

- „Ich bin die, die sieht was wirklich dahinter ist."
- „Ich bin die Kraft, die Grenzen sprengt."
- „Ich bin der Priesterarzt."
- „Ich bin die, die die Seele erkennt."

Du kannst dich in gewisser Weise von diesen Beispielen inspirieren lassen, indem du in sie hineinspürst und dich fragst „Was ist die Quelle, aus der solche Worte fließen?" Dadurch erzeugst du eine Brücke zu der Quelle in dir und richtest deine Bewusstheit auf das, was aus der Quelle durch dich entspringt. Im Essenz-Modell besteht die Formulierung von Einzigartigkeit aus zwei Aspekten:

a) Der Präsenz des Seins, vertreten durch die Worte „Ich bin … (der/die)" und

b) Einer Aktion, durch die sich das Sein in der Welt ausdrückt, z. B. „Unbewusstes bewusst machen"

Merke: es geht nicht darum, tolle Worte zu finden. Es geht auch nicht darum, was dein Ego gerne wäre. Es geht darum, deine schon immer vorhandene Einzigartigkeit aufzudecken. Die Schönheit der Worte ist das Ergebnis, der Spiegel, nicht das Mittel. Wenn die Worte gefunden sind, strahlen sie ganz automatisch den Zauber deiner Einzigartigkeit aus. Und dann magst du denken „Wow, das klingt aber toll!" Und es ist gut möglich - und sogar wahrscheinlich - dass Menschen, die diese Worte von dir hören, berührt sind von der Wahrhaftigkeit, die sie transportieren.

Kim, 36 Jahre, Teamleiterin, Oxford, England

Over the years I have attended many corporate training seminars and I assumed that this course back in June 2017 would be just more of the same. However, what I learned over the three days, has undoubtable changed my life, personally and professionally, my purpose of life.

Über die Jahre habe ich an vielen Seminaren des Unternehmens teilgenommen, und ich nahm an, dass dieser Kurs im Juni 2017 wieder mehr vom Gleichen sein würde. Was ich jedoch in drei Tagen erkannt habe, hat unzweifelhaft mein Leben verändert, persönlich und im Beruf: meine Lebensaufgabe, meine Bestimmung!

How could three simple questions about myself, firstly be so hard to answer and secondly be so eye opening? 1. "I am the .... (my uniqueness) ". I considered in what situation was I successful in a team.

Wie konnten drei einfache Fragen nach meiner Persönlichkeit zunächst so schwer beantwortet werden und dann plötzlich so die Augen öffnen? 1. "ich bin die, die... (meine Einzigartigkeit?)" Ich suchte eine Situation, in der ich wirklich erfolgreich im Team war.

This I was able to identify, I have participated in many projects and have travelled the world to support my colleagues with their team's structure, daily operational tasks, systems and work load balancing, but how did this define my uniqueness? I watched how my fellow colleagues were writing down their uniqueness and wondered why mine was so hard for me to recognise.

Das war schon zu finden. Ich war in vielen Projekten und habe die Welt bereist, um meine Kollegen zu unterstützen. Team Struktur, tägliche operative Aufgaben, Prozesse und Arbeitsbelastung in Balance halten. Aber wie definiere ich meine Einzigartigkeit? Ich sah, wie meine Seminarkollegen ihre Erkenntnisse aufschrieben und wunderte mich, warum ich meine so schwer erkennen konnte.

Frustrated and somewhat emotional, I spoke to one of my co-workers, who I had worked with for many years, stating how I didn't feel I had something unique to offer. He laughed, because for him, it was so clear what my uniqueness was. It is something that I do without even thinking, easily identifiable by others, even if not to myself. He said just one word to me "Clarity". How ironic that I am the one, who brings clarity in unclear situations yet struggled to recognise this for myself.

Frustriert und ziemlich emotional aufgewühlt sprach ich mit einem Teilnehmer, mit dem ich schon seit Jahren zusammengearbeitet habe, und erklärte ihm, dass ich nicht fühle, dass ich irgendetwas Besonderes anzubieten habe. Da lachte er, weil es für ihn ganz klar war, was ich Einzigartiges in Teams und Projekte einbringe: Es ist etwas, das ich ganz ohne zu denken mache, einfach zu identifizieren für andere, aber eben nicht für mich selbst. Er sagte nur ein Wort zu mir: "Klarheit!" Welche Ironie, dass ich die bin, die Klarheit in unklare Situationen bringt und so darum ringe, es für mich selbst zu erkennen.

Der Prozess der Bewusstwerdung

In der Regel verläuft der Prozess der Bewusstwerdung wellenförmig. Wie die Wellen einer Meeresbrandung. Mit jeder heranrauschenden Welle wird das Gewahrsein deiner Einzigartigkeit klarer und schärfer. Am Anfang bist du vielleicht überrascht, dass da überhaupt etwas auftaucht, etwas, dass sogar irgendwie Sinn zu ergeben scheint.

Doch dann hast du das Gefühl, dass die Worte, die sich in deinem Geist geformt haben, noch nicht ganz passen. Du spürst, es geht in die richtige Richtung, spürst aber gleichzeitig auch, dass es kein exakter Treffer ist. Wie ein Hemd, dass zwar deine Größe hat, aber nicht richtig sitzt. Vielleicht hast du sogar das Gefühl, dass die bisherigen Worte zu klein, zu banal, zu beliebig sind, um deine Einzigartigkeit auszudrücken. Ich möchte dich ermutigen, dieser Intuition zu trauen und zu folgen und in deiner Seele weiter nach noch präzisieren Symbolen zu sondieren und zu forschen.

Ein gutes Bespiel für diesen graduellen Verfeinerungsprozess habe ich bei Markus miterlebt. Aufgrund seiner kreativen Fähigkeiten, die er auch beruflich erfolgreich einsetzt, kam recht bald die Formulierung „Ich bin der, der Ideen manifestiert."

Das erschien mir absolut schlüssig und auch für ihn wirkte es passend. Nachdem er es zwei Tage in sich bewegt hatte, sagte Markus zu mir, dass er sich auf einmal unsicher sei. Die Worte hätten nicht genug Energie, irgendetwas stimme da noch nicht. Daraufhin schlug ich ihm vor, einfach weiter zu schauen, die Aufmerksamkeit auf diesen Punkt gerichtet zu lassen oder eine weitere Meditation zu machen.

„Ich bin der, der aus Ideen Realität macht", formte sich als nächste Version. Doch auch hier saß das Wortkleid noch nicht maßgeschneidert. Nach einigen weiteren Tagen wurde es Markus mit einem Mal klar: der erste Teil der Formulierung, nämlich „Ich bin der, der ..." funktionierte für ihn nicht. Er fand sich darin einfach nicht wieder, es schien ihm für die Bestimmung seiner Seele zu sehr an die irdische Form gekoppelt - an die Person. Als dieses Hindernis offensichtlich geworden war, fanden Einzigartigkeit und Worte sich von allein und hatten mit einem Mal diesen Zauber, von dem ich sprach. Und Markus offenbarte mir:

„Ich bin ein göttlicher Funke, der Ideen manifestiert."

Und kaum hatte er freudig grinsend und über das ganze Gesicht strahlend seine Einzigartigkeit ausgesprochen, wollte etwas in ihm sogleich zurückrudern. „Vielleicht sind das zu große Worte", „Das klingt fast vermessen" sind häufige Aussagen von Menschen über sich selbst, sobald sich die wahren Worte ihrer Einzigartigkeit in Form bringen. Diese Hemmung, sich mit dem Licht der eigenen Göttlichkeit zu identifizieren, ja, sie überhaupt in Erwägung zu ziehen, ist eine Konditionierung, der wir alle in mehr oder weniger starker Ausprägung unterliegen.

Die Enthemmung der Einzigartigkeit

Uns selbst als großartig zu erkennen ist ein Tabu, auf das wir stoßen, und dem wir uns stellen können. Indem wir uns liebevoll eingestehen, dass wir gehemmt sind, unsere Einzigartigkeit anzunehmen und dass diese Hemmung eine erlernte Ablehnung unseres eigenen Selbst ist, kann das Tabu beginnen, sich aufzulösen.

Nach meiner Erfahrung in der Arbeit mit Menschen, die auf dem Weg sind, ihre Einzigartigkeit zu erkennen, gibt es drei große Hemmungen, die sich jedem in der einen oder anderen Weise präsentieren:

1. Die Hemmung, sich der Einzigartigkeit zu öffnen
2. Die Hemmung, die Einzigartigkeit zu denken und
3. Die Hemmung, die Einzigartigkeit auszusprechen

Die erste Hemmung steht gleich am Anfang, wenn wir zum ersten Mal hören, dass eine Einzigartigkeit in uns wohnen soll. Etwas verbietet uns gewissermaßen, diese Möglichkeit überhaupt in Erwägung zu ziehen, uns unserer tieferen Wahrheit zu öffnen. Aufgrund unserer westlichen Kultur und Erziehung durch Gesellschaft, Kirche und Medien, sind wir darauf konditioniert, uns als belanglose Zufälle in einem unwirtlichen, kalten, sinnlosen und weitgehend leblosen Universum zu sehen, in dem es primär ums nackte Überleben der verschiedenen Spezies gegeneinander geht. Da ist für Einzigartigkeit kein Platz und falls etwas in uns in frühen Jahren einzigartig zu erblühen beginnen will, wird es schnurstracks aberzogen. Wir sollen als Menschen in erster Linie funktionieren, konsumieren und vergleichbar sein - zumindest aus Sicht des sozio-ökonomischen Systems, in das wir hineingeboren wurden.

In diesem Sinne ist unsere Einzigartigkeit eine verbotene Frucht, die wir nicht anrühren, geschweige denn davon kosten dürfen. Auf der anderen Seite schwelt eine Sehnsucht in uns, eine verheißungsvolle Ahnung, dass da mehr ist in uns, als das, was wir uns erlauben zu sein. Und so erkennen wir im ersten Schritt, dass da diese Hemmung ist und wir erkennen weiter, dass sie nicht unsere eigene ist, sondern übernommen von Generation zu Generation zu Generation. Wir sehen, dass diese Hemmung niemandem gehört und doch jeder glaubt, dass es seine eigene sei. Diese Klarheit hilft uns, das Gefühl des Gehemmtseins zu akzeptieren. Wir können es so stehen lassen und dann einfach daran vorbeigehen, unserem inneren Ruf entgegen.

Mit der zweiten Hemmung kommen wir in Kontakt, nachdem wir hinabgetaucht sind in unsere innere Quelle und mit unserem strahlenden Fund zurückkehren. Dann will sich das Gefundene in unserem Geist materialisieren, in Form von Worten, die Gedanken sind. Hier zögern manche Menschen bisweilen, den sich formenden Gedanken maximalen Raum zu geben. Stattdessen zucken sie zurück, halten die Gedanken klein, verengen den geistigen Raum, gleich ob sie ein Ventil zudrehen wollten. Der innere Richter, in der Gestalt von Schuldgefühlen, Selbstzweifel oder Scham, betritt die Bühne im Versuch, das hereinfließende Wissen der Seele abzuschneiden. Diese innere Instanz ist ebenso konditioniert wie unser Selbstbild, ja, sie ist sogar Teil dessen. Sie ist eine Rolle in unserem Skript, das wir ständig neu erfinden. Dieser innere Richter ist ein Aspekt der Überlebensstrategie, weshalb wir ihn niemals grundsätzlich hinterfragen.

Das, was uns davon abhält, Einzigartigkeit zu denken, ist also wiederum nur ein Glaubenssatz im Netzwerk unserer Ego-Struktur, von der wir mittlerweile wissen, dass sie eine erfundene Illusion ist, die wir im unbewussten Zustand für wahr halten. Mit dem Denken unserer Einzigartigkeit greifen wir direkt die Realität unseres Egos an, die darauf gründet, minderfähig zu sein. Das erlebte Gefühl von Hemmung ist der Widerstand des Egos, sich der Wahrheit zu stellen. Denn diese Wahrheit degradiert das Ego bestenfalls in eine unscheinbare Nebenrolle.

Die Überwindung dieser Hemmung findet statt, sobald wir uns selbst die Erlaubnis geben, der Zeuge dieses Schauspiels zu sein, anstatt uns mit der Handlung zu identifizieren. Wir erlauben uns, den inneren Richter zu beobachten, ganz ähnlich, als würden wir eine wundervolle, seltene Blume neugierig betrachten. Sie ist eine Schöpfung der Natur, so wie unser Ego in all seinen Aspekten auch. Denn wir sind Natur. Wir sind Teil des kosmischen Prozesses, der alles Leben erschafft, bewegt und nährt, einschließlich deiner Erfahrung als menschliches Wesen mit all seinen Gedanken und Empfindungen in genau diesem Moment.

Die neutrale und gleichzeitig gütige Bezeugung des Widerstands unseres Egos gegen die Bewusstwerdung unserer Einzigartigkeit ist der Schlüssel zur Enthemmung. Dann beginnt deine Einzigartigkeit als Gedanke in deinem Geist zu ranken und zu erblühen. Es macht sich Gewissheit und eine tiefe Zufriedenheit breit. Du fühlst dich geborgen, verbunden und zuhause in dir selbst. Du fühlst dich sinnvoll. Vielleicht zum ersten Mal in deinem Leben. Genieße diese Erfahrung, diesen besonderen Augenblick. Honoriere ihn, zelebriere ihn in deinem Herzen, in deiner Seele. Es ist ein Nachhausekommen von einer langen, erlebnisreichen Reise durch die verschiedensten Länder und Landschaften, mit Umwegen und Verirrungen. Doch jetzt bist du auf dem Weg nachhause und aus der Tiefe deines Seins steigt eine liebliche Vertrautheit auf. Du spürst immer deutlicher, dass es dein rechtmäßiges Land ist, dein eigenes Königreich, das du jetzt durchquerst.

Die dritte und finale Hemmung erleben wir, wenn es darum geht, unsere Einzigartigkeit auszusprechen. Bisher hat sich der Prozess der Erkenntnis in unserem Innern und unserem Geist abgespielt – im stillen Kämmerlein sozusagen. Haben wir die ersten beiden Hemmungen gelöst, dann fühlen wir uns nun befreit und beflügelt, unsere Einzigartigkeit zu denken und zu spüren.

Früher oder später geraten wir in eine Situation, in der unsere Integrität gefragt ist, in der es darauf ankommt, Farbe zu bekennen. Das ist unvermeidlich. Jemand könnte dich auf einer Party fragen „Wer bist du eigentlich?". Was antwortest du? In der

Vergangenheit hast du höchstwahrscheinlich, wie die meisten Menschen, mit deinem Namen, Alter, Beruf und Familienstand geantwortet, etwa in dieser Art: „Ich bin Meike, 37 Jahre alt, Mutter von zwei Kindern. Ja, und vorher war ich Krankenschwester im Soundso-Krankenhaus." Diese Selbstbeschreibungssyntax haben wir gelernt und sie ist gesellschaftlich so durch und durch akzeptiert, dass sie nicht nur erwartet, sondern vorausgesetzt wird. Unsere Identität besteht aus funktionalen Etiketten bzw. Rollenbezeichnungen. Und für lange Zeit glauben wir, dass diese Etiketten das sind, was uns ausmacht. Wir glauben, wir sind Krankenschwestern, Lehrer, Geschäftsführer, Kassierer, Köche und Mütter, Väter, Omas und Opas. Wir übersehen, dass wir all das nicht sind, sondern tun. Wir spielen es gewissermaßen – als Funktion und Rolle in der Welt.

Mit dem Erkennen deiner Einzigartigkeit weißt du zum ersten Mal in deinem Leben, wer du wahrhaftig bist. Dir ist mit einem Mal bewusst, dass du nicht die Rolle bist, die du spielst, sondern das, was sich dahinter verbirgt. Du bist die Quelle deiner Rollen, die animierende Kraft dahinter und darin. Und so wird dir das, was du für gewöhnlich immer auf die Frage „Wer bist du?" geantwortet hast, plötzlich wie eine Unwahrheit oder Lüge vorkommen. Es wird sich anfühlen wie ein unechtes Fabrikat. Weil es genau das ist: eine indoktrinierte Erfindung deines Ego-Verstands, konditioniert durch deine gesellschaftliche Umwelt und dein Bedürfnis, dazu zu gehören und angenommen zu sein. Doch das durchschaust du jetzt und je mehr du es durchschaust, desto mehr löst sich dein wahres Selbst von der alten Scheinidentität.

Roland von Nieda, 58 Jahre,

klassischer Arzt, Homöopath, Astrologe, HDS Reader, ein weiser Mann, Berlin

Jürgen: *"Roland, als wir miteinander zum ersten Mal am Essenz-Modell gearbeitet haben, hast Du mir auch gesagt: da musst du mir noch helfen, Jürgen. Und das fand ich sehr spannend, weil ich dachte, dieser wunderbare Arzt, Astrologe, weiser Mann, braucht doch keine Hilfe von mir. Ich dachte, du bist dir so sehr selbst bewusst!"*

Roland: *"Ich merke gerade, meine eigene Falle ist der Anspruch! Das auch wirklich zu sein, also ein Priesterarzt zu sein, oder wie ich mir vorstelle, wie ein Priesterarzt sein müsste. Das ist so hoch, dass ich darum nicht rankomme. Das ist meine größte Hemmung: es auch auszusprechen, es auszudrücken. Das Wort Priesterarzt ist tatsächlich für mich das Schwierigste, so dass ich mich nicht traue, es auszudrücken. Ich habe es verheimlicht, ich hatte Scheu mich so zu präsentieren, weil ich denke, wenn ich mich als* „Roland von Nieda, Priester-Arzt“ *präsentieren würde, dann würden vielleicht siebzig Prozent der Menschen denken, die Heilung komme durch Gebet. Das Level, das ich mir selbst setze, ist aus diesem Grund sehr sehr hoch. Vielleicht fällt es mir deshalb so schwer, das Wort Priesterarzt in den Mund zu nehmen. Die Gesellschaft hat ein bestimmtes Bild von den Priestern der Vergangenheit und geht davon aus, dass auch die anderen dieses Bild haben und dieses Bild ist im Moment vielleicht nicht ganz das beste. Also was könnten die anderen von mir denken, wenn ich sage: Ich bin ein Priesterarzt?"*

Deine Einzigartigkeit will sich aussprechen, will sagen, wer du bist. Doch da ist diese Hemmung. Zweifelnde Gedanken: „Was passiert, wenn ich das jetzt sage? Werden sie mich auslachen?... Das kannst du hier nicht sagen... Sie werden dich für arrogant und eingebildet halten... " Du stehst dem vielleicht größten Tabu unserer Zivilisation von Angesicht zu Angesicht gegenüber. Du weißt, wenn du jetzt deine Einzigartigkeit aussprichst, in deiner Wahrheit bleibst, dann platzt ein Knoten, dann entlädt sich eine lebendige Energie in dir und fließt in die Welt, so wie du gemeint bist. Du weißt, es gibt keinen Weg zurück, wenn du diesen Schritt gehst. Du hast das Gefühl vor einem tiefen Graben zu stehen, auf der anderen Seite ist dein wahres Zuhause. Du kannst es schon fast sehen, dort jenseits des Abgrunds, hinter dem sanften Hügel. Also, fasst du dir ein Herz, gehst ein paar Schritte zurück, nimmst Anlauf und...

... s p r i n g s t .

„Ich bin der, der Unbewusstes bewusst macht!"...

„Ich bin der göttliche Funke, der Ideen manifestiert!"...

„Ich bin..."

Stille. Tiefe, friedvolle Stille. Alle zweifelnden, schleudernden, unsicheren Gedanken sind plötzlich weg. Wie abgeschaltet. Dein Geist ist klar, hell und angenehm leer. Du spürst zum ersten Mal, wer du bist, wenn du nicht denkst, wer du bist.

Der Prozess der Bewusstwerdung gleicht einer Heldenreise: Du beginnst in der Welt mit dem Gefühl, dass da noch mehr sein muss im Leben. Dann führt deine Reise dich nach innen und in deine

Seele, wo du tief in die Quelle hinabtauchst, um deinen Schatz zu finden. Mit deinem einzigartigen Fund tauchst du wieder auf und kehrst zurück in die Welt, die du verlassen hattest. Der große Unterschied jedoch ist, dass die Welt nun nicht mehr ganz dieselbe ist. Zumindest erlebst du sie aus einer völlig neuen Perspektive.

Roland von Nieda, 58 Jahre,
klassischer Arzt, Homöopath, Astrologe, HDS Reader,
ein weiser Mann, Berlin

Also vorher würde ich sagen, habe ich viele der verschiedensten Disziplinen gelernt und angewendet. Aber es fehlte die Linie, die Überschrift oder die Essenz, die es zusammenhält. Aufstellungen, Trancen, Homöopathie, Astrologie, Human Design System, auch durchaus spirituelles Coaching. Zu mir kamen viele Menschen, die irgendwann christlich waren, aber dann den Kontakt vollkommen abgebrochen haben, weil irgendetwas Negatives passiert ist, weil das "Bodenpersonal" nicht ganz so respektvoll war. Das hat mir weh getan, und deshalb habe ich mich auch ein bisschen als Priester gefühlt, ohne das zu überhöhen. Aber da fühlte ich doch eine Notwendigkeit etwas zu sagen. Das war weder katholisch noch evangelisch, das war sehr übergreifend. Ich habe in alles hineingerochen. Das ist mir alles sehr vertraut, vielleicht nicht so sehr die jüdische Kultur. Viele Wege bin ich mitgegangen: jahrelang Buddhismus, Hinduismus, Katholizismus, evangelische Freikirchen, deshalb glaube ich zu wissen, was da läuft und sehe auch die Fallstricke und sehe, dass vieles dranhängt, dass Dinge zu eng gefasst werden, was den Glauben betrifft. Wenn wirklich Dinge essenziell werden, wenn es um schwere Krankheit geht, möglichen Tod, um Überwindung von Tod, Trennung und alles Mögliche, steht jemand relativ nackt da, wenn er keinen Glauben hat, insbesondere wenn er einmal einen hatte, und den verloren hat. Das finde ich fast noch schmerzhafter. Dadurch war immer eine Intention in mir, den Glauben doch mit einzubeziehen in die Therapie.

Für mich war es irgendwann mal völlig selbstverständlich, ein Horoskop auf den Tisch zu legen. Vor zwanzig Jahren dachte ich, das kannst du als klassischer Arzt nicht machen. Das ist völlig unmöglich, ein Horoskop? Und heute beziehe ich auch noch den Glauben mit ein, lehne mich zurück und predige eine Viertelstunde. Eine Frau sagte zu mir einmal, das ist ja ganz wunderbar, aber sie wollte zum Arzt und nicht zum Priester. Da habe ich durchaus selber geschmunzelt über mich.

Deshalb bin ich so dankbar mittlerweile über diesen Satz, diese Lebensaufgabe, die alles zusammenfasst. Dieser Satz: "Ich bin ein Priesterarzt, der mit maximaler Toleranz, Liebe und Hoffnung Vergebung ermöglicht." Das wären früher alles Themen gewesen, die ich fast wie einen Nebenjob abgehandelt hätte. Aber jetzt ist es integraler Bestandteil vom Ganzen und ist nicht mehr getrennt. Das finde ich sehr, sehr gut.

Ich habe es auch auf meine Website geschrieben, in einem Satz, so, wie ich mich verstehe: ein Priesterarzt, der Menschen betreut und begleitet egal was ihre Themen sind: Medizin, Psychologie oder Spiritualität. Das sind sowieso für mich die essentiellen Themen, die abgehandelt werden müssen, und die ich gern in einer Person – also in mir – zusammenführen möchte. Diese sind ja normalerweise, im klassischen Sinne, getrennt. Ich habe also etwas gespürt über mich, aber nicht mehr daran gedacht, das so in Worte zu fassen, mich einfach nicht getraut. Und dann kam die Möglichkeit, über das Essenz-Modell es auszudrücken.

Und trotzdem hatte ich noch nicht den Mut, es wirklich in die Welt hinaus zu sprechen, obwohl es schon die ganze Zeit in mir selbst total präsent war. Ich habe es immer wieder umschrieben, aber nicht wirklich benannt.

Und das ist die Qualität des Essenz-Modells: dass ich endlich etwas, was dauernd in mir schlummert, mir erlaube zu benennen und konsequent auszudrücken.

Die Reaktionen der Umwelt

Wahrscheinlich fühlst du dich euphorisch und leicht über dem Boden schwebend, nachdem dir deine Einzigartigkeit bewusst geworden ist. Es ist ein unglaublich wundervoller Fund aus dem der natürliche Drang erwächst, die Erkenntnis und das neue Wissen mit der ganzen Welt zu teilen – jedenfalls mit deinen Freunden, deinem Partner oder deiner Familie.

Ich rate dir allerdings, weise mit dem Wissen um deine Einzigartigkeit umzugehen, denn nicht jeder reagiert so offen und beherzt darauf wie du. Erinnere dich an das große Tabu, das wir uns angesehen haben. Für dich mag es verschwunden sein, doch für andere ist es nach wie vor existent. Wenn du deine wiederentdeckte wahre Identität präsentierst, wirst du mit Sicherheit bei einigen Menschen auf Offenheit, Begeisterung und positive Resonanz stoßen und sie freuen sich mit dir. Andere hingegen werden mit Widerstand, Zweifel, Neid, Spott und möglicherweise sogar Empörung reagieren.

Es ist gut, wenn du auf beide Reaktionstypen gefasst bist. Denn beide sind nicht nur wahrscheinlich, sondern nur allzu menschlich. In diesem Sinne ist es ein guter Weg, alle Reaktionsarten anzunehmen, sie sein zu lassen, ohne sie ändern zu wollen. Dies ist wahre Größe. Gleichzeitig ist jede Reaktion auf deine Einzigartigkeit wie ein Test deiner Integrität, also ob du zu dir stehst oder deine Wahrheit verleugnest. Deine Einzigartigkeit will von dir bewusst gelebt werden und so ist jeder Augenblick, jede Situation, eine Gelegenheit, aus deiner Einzigartigkeit heraus zu handeln.

Wenn du anderen also mitteilen möchtest, wer du wirklich bist, dann sei schlau und verpacke deine Einzigartigkeit am besten so, dass sie bei deinem Gegenüber wohl dosiert ankommt. Es sei denn natürlich, du findest es angemessen zu provozieren und den anderen hinter dem Ofen hervor zu locken. Doch sei achtsam! Schnell versucht das Ego, sich die Einzigartigkeit einzuverleiben und sich dadurch grandios, überlegen und wichtig zu fühlen. Falls dies geschieht, wirst du es schnell bemerken, da deine Umwelt immer als Spiegel dessen funktioniert, was du aussendest.

Jürgen, 40 Jahre, technische Führungskraft, *schwerhörig*

J.D.: *„Als ich dich kennen lernte warst du in einer Mobbing-Situation. Wie hast du diese verändert? Und wie genau hat das Essenz-Modell dir dabei geholfen?"*

Jürgen: *„Das Essenz-Modell war und ist ein sehr gutes Hilfsmittel und Schlüssel, eigene Verhaltensweisen und zuvor unbewusste Reaktionsmuster in bestimmten Situationen (Alltag, dienstlich) zu verstehen. Und daraus folgend, die Dinge in gewisser Art besser lenken zu können.*

Weil ich meine Einzigartigkeit erkennen durfte: Ich bin der, der um die Ecke denkt, *hatte ich eine Art Aushängeschild: Ich bin der, der um die Ecke denkt! Es war mir Sicherheit und Ansporn zugleich. Und plötzlich stellte sich in meinen Projekten High Performance ein, gepaart mit beruflichem Rückhalt auf der Vorgesetztenebene. Da löste sich die Mobbingthematik auf Dauer von allein auf. Die Beteiligten wurden in ihrem Mobbingverhalten entlarvt und verließen nach und nach das Unternehmen, bzw. wurden in ihrem Wirken stark eingeschränkt.*

J.D.: *„Du hast deine Einzigartigkeit auch auf andere Gebiete ausgerollt. Wie ist es dazu gekommen?"*

Jürgen: *„Das ist einfach der Tatsache geschuldet, dass ich in gemeinsamer Abstimmung mit der Führungskraft und Geschäftsführung dort eingesetzt wurde/werde, wo ich ausgehend von meiner Einzigartigkeit dem Unternehmen den meisten Mehrwert generieren kann. Dabei ist es eine Gratwanderung, das gesunde Maß der Belastung zu wahren und eine Überlastung meinerseits zu vermeiden.*

Denn die Einzigartigkeit des Um-die-Ecke-Denkens *(was nicht viele Menschen haben) bringt erfahrungsgemäß auch mit sich, dass Kollegen und Fremdfirmen nicht ohne weiteres folgen können und durch Mehraufwand im Sinne der Sache* mitgenommen *und erst gewonnen werden müssen. Bevor die High Performance einsetzt.*

J.D.: *„Deine Entwicklung ist ein Vorbild für viele: vom missverstandenen Mobbingopfer zum Helden. Was hat das in dir verändert? Was hat das mit Dir gemacht?*

Jürgen: *„Mit dem Wort* Helden *möchte ich mich nicht identifizieren, wenngleich ich dich natürlich verstehe, was in der Sache gemeint ist.*

Die Demut und Bescheidenheit, welche ich mir bewahre, und meine tiefsten Werte sind, halten mich im Zusammenspiel mit meiner Familie auf dem Boden der Tatsachen, da ich aus den Erfahrungen der Vergangenheit gelernt habe."

(K)ein Tag wie jeder andere – Deine Einzigartigkeit im Alltag

In der Vergangenheit haben wir stets und mühevoll versucht, unser Leben durch äußere Veränderungen unserem Ideal anzunähern – und sind damit letztendlich gescheitert (falls wir dies bereits zugeben können). Mit der Erkenntnis unserer Einzigartigkeit ändert sich unser Leben von innen heraus. Dieser Wandel passiert ganz von allein und mühelos, ohne dass wir das Gefühl haben, etwas zu tun. Es geschieht einfach. Es ist, als ob etwas anderes in uns das Ruder übernommen hätte und es scheint unser tagtägliches Leben sanft und wohlwollend aus dem Hintergrund zu steuern.

Es lenkt unsere Aufmerksamkeit zu den Dingen, die unsere Einzigartigkeit benötigen und führt uns zu Gelegenheiten, durch die wir unsere Einzigartigkeit noch besser verstehen, differenzieren und tiefer ergründen können. Es kann sein, dass du dich getragen fühlst, leicht und schwebend und dir die Angelegenheiten des Alltags auf einmal viel leichter von der Hand gehen.

Manche Menschen fühlen sich wie verliebt. Gerade am Anfang, wenn dieses Gefühl des Getragenseins und der Verbundenheit mit dem Göttlichen in uns noch neu und ungewohnt erscheint. Wenn wir erleben, wie unsere Einzigartigkeit durch uns hindurch in die Welt hinein wirkt, dann kann das eine erhebende Erfahrung sein. Doch so schön und angenehm diese Augenblicke sein können, dürfen wir nicht in die Falle tappen, unsere Einzigartigkeit zu benutzen, um diese schönen Gefühle zu bekommen. Dadurch wird sie Mittel zum Zweck und dieser Zweck dient einzig unserem Ego. Dann nämlich lassen wir zu, dass unser Ego die Einzigartigkeit geißelt, um Befriedigung und Grandiosität zu erpressen. Ich stelle das hier jetzt so dramatisch dar, weil unser Ego immer versuchen wird, die Energie und Kraft der Einzigartigkeit in seine Überlebensmechanik zu integrieren. Das ist einfach das, was Egos tun: sie sind bestrebt sich selbst aufrecht zu erhalten und dazu ist ihnen jedes Mittel recht - auch wenn sie letztendlich nur eine Illusion sind. Solange wir diese Illusion noch für real halten, erleben wir ihre Effekte auch als real.

Hier ist also wieder Achtsamkeit gefragt und eine kontinuierliche, wenn auch entspannte, Reflexion der eigenen Motivation. Und so fragen wir uns, wenn der Impuls kommt, unsere Einzigartigkeit einzusetzen: „Warum tue ich das?“, „Warum möchte ich das tun?“, „Wer profitiert von dieser Handlung?“, „Was verspreche ich mir davon?“. Und dabei ist es unerlässlich, ehrlich mit uns selbst zu sein! Glaube ich gerade meinem Ego oder fühle ich mich beseelt und geführt von einer höheren, selbstlosen Quelle.

Gehst du mit dieser Bewusstheit durch deinen Alltag, wirst du sehr schnell herausfinden, wann sich das Göttliche in dir bewegt und wann es das Ego ist. Deine Fähigkeit, deine inneren Tendenzen zu unterscheiden wird so innerhalb kürzester Zeit wachsen und mit ihr deine Integrität und Authentizität. Das Wissen über deine Einzigartigkeit fokussiert dich, so dass du Situationen schneller überblicken und ermitteln kannst, ob es darin einen Anteil für deine Einzigartigkeit gibt oder nicht. Hier wird es folglich auch Fälle geben, in denen du dich aus der Situation zurückziehst bzw. Nein sagst. Vertraue dabei der Weisheit deiner Seele. Sie weiß in Form deiner Intuition immer mehr, als dein Verstand kalkulieren kann.

Der Kompass der wahren Werte

Deine Einzigartigkeit ist ein bisschen wie ein junges, ungestümes Tier, dass hinaus will in die Welt. Sie ist pure Lebenskraft gebündelt in deinem einzigartigen Potenzial. Sie will sich ergießen, will fließen und sich realisieren. Als solches würde sie sich absichtslos und permanent in die Welt sprudeln lassen, gespeist aus ihrer nie versiegenden Quelle. Als essenzielle Funktion des menschlichen Lebens, geleitet und geprägt durch die Seele eines jeden Individuums, braucht sie Orientierung und eine weise Führung – einen Kompass.

Dieser Kompass wird geformt von unseren innersten Werten, die im Tempel unserer Seele leben. Diese Werte erzeugen einen gerichteten Kanal, sie umgeben unsere Einzigartigkeit sanft mit einer klaren Form, sie bedingen das „Wie“: auf welche Weise unsere Einzigartigkeit verwirklicht wird.

Mit diesem Wertekompass sind wir in der Lage, in jeder Situation Klarheit zu erhalten, wenn wir gerade nicht wissen, wie wir unsere Einzigartigkeit einsetzen können. Die Werte grenzen das Spielfeld unserer Einzigartigkeit ein, definieren es, ohne die Einzigartigkeit in sich zu limitieren. Unsere Werte kanalisieren und fokussieren unsere Einzigartigkeit, wodurch sie ihre Aufgabe für die Welt effektiver erfüllen kann. Zudem grenzen die Werte nach außen hin ab. Das bedeutet: wenn uns unsere Werte deutlich bewusst sind, wir sie leben, hat das Ego quasi keinen Zugriff auf die Einzigartigkeit, da sie durch den Werteraum wie durch einen Schutzschild vor Entführung und Missbrauch geschützt ist.

Nicole Kämper (48 Jahre),
ehem. Bereichsleiterin Verkauf Retail, jetzt Assistenz der Geschäftsführung und Coach des Essenz-Modells

Mein Weg mit dem Essenz-Modell

Ich kam im Jahr 2015 zum ersten Mal mit diesem Modell in Berührung. Für ein international tätiges Unternehmen, für welches ich zu dem Zeitpunkt im Management tätig war, sollte Jürgen Dluzniewski ein Führungskräftetraining abhalten. Für uns Führungskräfte war dieses Training das erste Mal und mit einer Gruppe von fünfzehn Personen waren wir sehr gespannt auf den Inhalt.

Recht schnell kamen wir zu dem Thema der Lebensaufgabe. Ein völlig anderer Ansatz: Gucken was meine eigene Besonderheit ist, welche Werte ich vertrete und wozu ich Mitarbeiter führe, also meinen Beitrag für die Welt leiste.

Es war nicht leicht, sich erst einmal auf dieses Muster einzulassen. Wir waren, wie viele andere auch, auf Zahlen, Ergebnisse, starre Führungsmuster etc. geprägt und jetzt ging es um unsere individuelle Größe. Anhand der Lebensaufgabe sollte dann auch etwas für das Unternehmen erarbeitet werden und der Geschäftsleitung vorgestellt werden. Die Wochen, die wir uns in Tandems damit beschäftigten, waren geprägt von Pioniergefühlen und positiver Energie. Die Vorstellung der Ergebnisse war bei allen ein voller Erfolg. So nah an sich selbst, mit den eigenen Werten einen Beitrag zu kreieren, hatte einen völlig neuen Schwung. Im weiteren Verlauf der Trainings ging es dann auch um die Urwunde. In der männlich dominierten Runde war es gut, dass es schon viel Vertrauen gab und sich alle öffneten. Aus dem, was dort an die Oberfläche kam, wurden uns unsere Überlebensstrategien gerade auch in der Mitarbeiterführung stark bewusst.

Ich fragte mich damals, wie soll ich führen und klar sein, wenn ich gar nicht weiß, warum ich wie reagiere. Denn nur, wenn ich es mir bewusst mache, kann ich wirklich auch bewusst handeln.

Jürgen und ich hatten uns über den Trainingskontext hinaus sehr gut verstanden und waren auch zwischen den Terminen im Kontakt und Austausch. Als ich durch meine Schwangerschaft längere Zeit aus dem aktiven Management ging, fragte er mich, ob ich Interesse hätte, mehr mit dem Essenz-Modell zu machen und mit ihm zusammen an einem Projekt zu arbeiten. Das Projekt bestand darin, wechselmotivierte Frauen im mittleren Management mit dem Essenz-Modell in die Position zu bringen, die ihrer Lebensaufgabe voll entspricht. Dazu gehörte ein komplettes Coaching nach dem Modell, die Erstellung des Essenz-Passes und vieles mehr. Das Projekt wurde ein voller Erfolg. Wir starteten mit zehn Frauen und erarbeiteten mit ihnen detailliert das Modell. Weiter coachten wir sie darin, mit ihrer Lebensaufgabe offensiv in Gesprächen zu brillieren. Achtzig Prozent der Frauen bekamen einen neuen Wirkungsbereich, stiegen in der Gehaltsstufe auf und hatten Erfolg.

Nach diesem Pilotprojekt war es unser Ziel, möglichst viele Menschen zu erreichen und diesen die Möglichkeit zu geben, sich so kennenzulernen. Wir arbeiteten in Workshops verschiedene Modelle aus. Mehrstufiges Businesstraining von der Spitze bis zum Teamleiter. Workshops für Einzelpersonen. Große Veranstaltungen, Internet und, und, und. Gestartet haben wir dann mit einem Workshop von zwölf Personen, die in führenden Positionen tätig sind.

Dieser Workshop hat unsere Erwartungen übertroffen. Die Türen, die sich für die Teilnehmer öffneten, die Emotionen, die zum Vorschein kamen und die wahnsinnig tollen Lebensaufgaben, die sichtbar wurden. Es war eine absolut erfüllende Arbeit. Auch war es sehr spannend zu sehen, was mit diesen Menschen nach dem Workshop passierte. Was sich in ihrem Leben änderte. Viele machten die folgenden Workshops auch mit und wurden immer vertrauter mit dem Essenz-Modell und dadurch auch mit sich selbst. Diese Summe an Erfahrung aus der Arbeit zeigt die Logik des Modells und die positive Auswirkung auf die Lebensbereiche.

Hier habe ich nun beschrieben wie mein bisheriger Weg mit dem Modell war. Weiter möchte ich auch beschreiben, was das Modell mit mir gemacht hat.

Meine Lebensaufgabe lautet:

Ich bin die, die sieht was wirklich dahinter ist,
mit Ehrlichkeit, Loyalität und Zuverlässigkeit,
damit Menschen auf die Position gelangen,
auf der sie sich voll entfalten können.

Diese Aufgabe begleitet mich wirklich tagtäglich. Sie ist auch der Leitsatz meiner Homepage und gibt mir bei der Arbeit – egal ob mit einzelnen Menschen, Teams oder Pferden – immer genau den Weg. Enge Vertraute ziehen mich zu Rat, weil sie wissen, dass ich sehe, was wirklich bei Situationen dahinter ist. Inzwischen reicht es oft schon, nur kurz in eine Situation zu kommen und ich erspüre, ob es das ist oder ob noch etwas dahinter ist, was sich nicht auf den ersten Blick zeigen kann.

Meine Werte sind mir wichtig, sie gehören zu mir, und wenn ich sie nicht erfüllt sehe, sei es privat oder bei der Arbeit, gehe ich aus dem Kontext heraus. Ich habe schon einmal einen sehr guten Auftrag abgelehnt, da ich mit meiner kompletten Lebensaufgabe dort nicht hätte arbeiten können: Der Inhaber eines Unternehmens wollte seine Mitarbeiter im Verkauf trainieren. An dem, was wirklich in dem Unternehmen los war, war er nicht interessiert. Ich sollte nicht ehrlich sein und auch nicht kommunizieren, was wirklich dahinter war.

Das Erkennen meiner Urwunde brachte mir im Nachhinein sehr viel Klarheit für meinen bisherigen Weg. Eben auch gerade für die Situationen, die emotional hart waren, traurig waren. Die Schwierigkeiten in Beziehungen wurden mir glasklar und durch die Arbeit mit dem Essenz-Modell konnte ich zum Entscheider werden! Durch das Erarbeiten meiner Überlebensstrategie löste sich die Ohnmacht, die vorher da war, auf und ich kam in die Handlung. Ich wurde zum Entscheider!

Meine Eigenverantwortung zu allen Situationen in meinem Leben stieg noch weiter an. Ich habe einhundert Prozent Verantwortung, ich entscheide und ich kann austreten und mir die Situationen von außen anschauen und sofort erkennen, wo ich mich im Modell befinde. Und dann entscheide ich. Diese Möglichkeit der Selbsterkenntnis und dann auch der Steuerung der eigenen Handlung ist unglaublich stark und beruhigend.

KAPITEL SIEBEN

DIE WERTE

7

Jeder von uns unterhält, bewusst oder unbewusst, ein Set an Qualitäten, an denen er sein Leben ausrichtet: seine Werte. Dieses Thema führt anfänglich immer gern etwas zu Verwirrung. Und in der Tat ist es für die meisten Menschen eine große Herausforderung, die Werte des eigenen Lebens herauszukristallisieren.

Wenn ich jemanden frage „Nach welchen Werten lebst du?“, ernte ich für gewöhnlich erst einmal Stille. Spontan können wir es nicht wirklich sagen. Woran liegt das? Und was sind eigentlich „Werte“ bezogen auf das Leben? Und was haben diese mit Erfüllung zu tun?

Wenn wir im Kontext des Essenz-Modells nach unseren Werten fragen, so ist dies eine sehr spezifische Frage, die nach äußerst präzisen Antworten sucht. Manch einer wird auf die Frage nach seinen Werten mit Begriffen wie Ehrgeiz, Disziplin, Stärke, Wissen, Bildung, Reichtum etc. antworten. Dies ist ein Beispiel für das, was wir mit der Frage nach unseren Werten nicht suchen, denn diese Begriffe sind meist gesellschaftlich konditionierte Attribute, die uns seit unserer Kindheit als erstrebenswerte Eigenschaften eingetrichtert wurden. Dies alles sind Motivatoren innerhalb der Überlebensmechanik. Wonach wir hier jedoch suchen, sind unsere tatsächlichen, wahren Werte, die wir ausschließlich in unserer Seele finden. Dort, wo unsere universale Wahrheit entspringt.

Die Werte in der Überlebensmechanik sind Werte des Egos. Sie alle haben eine nehmende Aktionsrichtung mit dem gemeinsamen Nenner „Für mich". Die Werte der Seele dagegen sind in dieser Hinsicht entweder neutral (wie z. B. Kreativität) oder gebender Natur und würden sich somit in einem Gefäß mit der Aufschrift „Für alle" oder „Für die Welt" sammeln lassen. Sie sind kosmische Werte, die nichts mit individuellem Besitz, Anhäufung oder persönlichen Absichten zu tun haben. Die seelischen Werte sind jenseits dessen und haben die Funktion das Sein und Handeln des einzelnen Menschen auf individuelle Weise am Göttlichen auszurichten und ihm dadurch einen erfahrbaren höheren Sinn zu verleihen.

In der Welt des Egos sind Werte dadurch gekennzeichnet, dass wir sie zu erreichen und zu erstreben versuchen. Dabei haben wir den Glauben, dass wir durch sie glücklich und erfüllt werden. Glauben und folgen wir diesen Werten, befinden wir uns stets in einer gewissen Anstrengung, Unruhe und tendenziellen Unzufriedenheit. Wir fühlen, dass wir etwas tun müssen, um diese Werte in unser Leben zu holen und sie zu unseren zu machen.

Da es nicht unsere eigenen, sondern gelernte Werte sind, kostet es uns Mühe und Kraft, uns diesen Werten anzupassen.

Betrachten wir dagegen die Werte, die unserer Seele entspringen, fällt als erstes auf, dass sie einfach da sind. Sie drücken sich aus durch unsere tieferen Bedürfnisse in zwischenmenschlichen Interaktionen und Beziehungen. Beispielsweise schätzen wir Nähe, Frieden, Liebe, Wärme, Loyalität, Freundschaft, Leichtigkeit, Gemeinsamkeit, Vertrauen und vieles mehr von ähnlicher Schwingung. Und hier wird sofort klar, dass dies keine Qualitäten sind, die wir lernen oder uns aneignen müssten. Auch sind es keine erzeugten Zustände, also nichts, was wir tun. All diese Werte sind Eigenschaften des Lebens, die wir wahrnehmen, sobald sie auftauchen. Und wann tauchen sie in der Regel auf? Wenn wir authentisch sind. Wenn wir uns nicht verstellen, nicht nach etwas streben, was uns nicht entspricht. Wenn wir uns miteinander einfach so sein lassen, wie wir in jedem Moment sind. Dann manifestieren sich unsere wahren Werte als direkt erfahrbare Realität.

Kim, 36 Jahre, Oxford

The second question we were asked was "My values ", what do you apply to your uniqueness, how do you bring it to life.

Die zweite Frage, die uns gestellt wurde, war: "Was sind meine Werte? Wie wendest Du Deine Einzigartigkeit an, wie bringst Du sie ins Leben?"

I thought back to the projects I had been involved in, the teams I had supported over the years, my family and friends. This question was not so difficult for me to answer, I can bring Clarity to myself!

Ich dachte zurück an meine Projekte, für die ich mich engagiert habe, die Teams, die ich über die Jahre unterstützt habe, meine Familie und Freunde. Diese Frage war nicht schwer für mich zu beantworten. Ich bin doch die, die Klarheit bringt! Auch für mich selbst!

I always listen to others, to try and establish what they are struggling with, their challenge, actively listen to what they say. I spend time to fully understand processes, tasks, structures, problems and challenges, but why do I do this? Especially when its often for activities I will not complete myself? but I do this to guide others.

Ich habe immer den anderen zugehört und zu ergründen versucht, mit was sie sich abmühen, welche Herausforderungen anstehen, habe aktiv zugehört all dem, was sie sagten. Ich nahm mir die Zeit, um den Prozess komplett zu verstehen, Aufgaben, Strukturen, Probleme und geforderte Ziele. Aber warum mache ich das? Besonders, wenn es Aktivitäten sind, die ich nicht selbst zu Ende bringe? Weil ich andere führen will!

Um uns bewusst zu machen, was unsere tieferen Werte sind, fragen wir uns also „Was ist mir wirklich wichtig?“, „Was macht eine harmonische, lebendige Beziehung für mich aus?“ oder auch „Wie würde ich arbeiten, um dabei richtig Spaß und Freude zu haben?“ Die folgende Meditation ist dazu gedacht, Antworten auf diese Fragen zu Tage zu fördern.

MEDITATION

Nach welchen Werten lebe ich?

Ganz gleich, wo du dich gerade befindest, kannst du für einen Moment die Welt ohne dich passieren lassen. Egal, ob du sitzt, liegst oder vielleicht sogar stehst, schließe deine Augen und lasse deine Aufmerksamkeit, wie ein kleines Boot auf sanften Wellen, ganz allmählich zu den Geräuschen gleiten, die jetzt von außen zu dir dringen.

Dein Verstand will diesen stetigen, akustischen Strom, den deine Ohren empfangen, in kleine Segmente zerteilen und jedes benennen: „Auto… Vogel… Stimmen… Tür… Schritte… Musik… Kinder… Straßenbahn… Blätterrascheln…" usw. Das ist seine Grundfunktion, doch diese interessiert dich jetzt nicht. Es ist dir jetzt egal, welche Gedanken wahr und welche unwahr sind. Und so wendest du dich ab von der Aktivität deines Verstands und lauschst etwas anderem. Du lauschst mit deinem ganzen Körper in dich hinein, dein Körper wird nun zu einer Antenne, die fein justiert nach innen gerichtet ist. Und du lässt dich jetzt einfach weiter werden und offener auch.

So eingestimmt, spürst du vielleicht schon eine feinsinnige Vibration in dir, eine vibrierende Stille, die sich friedlich und irgendwie auch warm und wohlig anfühlt.

Stell dir nun die Frage: „Welche menschlichen Qualitäten sind mir am wichtigsten?"

Lass diese Frage hineinsinken in deine Seele, wie ein leuchtendes, wunderschönes Meeresgeschöpf, das anmutig zum Meeresgrund hinab schwebt. Und was immer da jetzt aus deiner Tiefe als Antwort auftauchen mag, schaue es an und nimm es bewusst wahr, während es an dir vorbeizieht. Es mag ein Bild, ein Symbol, ein Gefühl oder ein Wort sein.

Erlaube dann einer weiteren Antwort, aufzutauchen. Sammle auf diese Weise bis zu fünf Antworten. Du kannst sie dir merken oder aufschreiben.

Um aus einem breiteren Spektrum zu schöpfen, variiere die Frage geringfügig, z. B. „Was war mir schon immer wichtig?", „Auf welche zwischenmenschlichen Eigenschaften könnte ich auf keinen Fall verzichten?", „Welche Merkmale hat eine ideale Beziehung für mich?" oder auch „Von welchen Werten möchte ich, dass meine Kinder sie an mir schätzen oder sogar übernehmen?"

Wenn du das Gefühl hast, für diesen Moment alle Antworten zu haben, dann tauche allmählich wieder auf aus dieser Meditation, indem du zuerst deinen Atem wahrnimmst, wie er hineinströmt und dann wieder hinausströmt. Spüre deinen Körper und orientiere dich im Hier und Jetzt. Öffne dann langsam wieder deine Augen und nimm wahr, wo du dich befindest und wieviel Zeit vergangen ist.

Wiederhole diese Meditation über einen Zeitraum von mehreren Tagen, bis sich die Antworten soweit verdichtet haben, dass dir klar geworden ist, welche deine wahren Werte sind. Wie du gesehen hast, können uns gezielte Fragen in meditativer Offenheit gute Helfer sein, um uns selbst in der Tiefe zu ergründen. Dabei halte ich es immer wieder für außerordentlich wichtig, zu erkennen, dass wir nie etwas erfinden oder zu uns hinzufügen, sondern entdecken, was bereits vorhanden ist. Es war sozusagen nur für eine Zeitlang zugedeckt und aus diesem Grund für uns nicht sichtbar und also scheinbar nicht existent.

Das radikale Leben der Werte im Alltag

Seine Werte zu wissen, heißt nicht, dass man sie bereits lebt. Durch das Erkennen der eigenen Werte fällt ein Schleier, durch den diese in unserem bisherigen Leben verdeckt wurden. Die geklärte Sicht auf unsere Wahrheit bringt eine neue Verantwortung mit sich: die Verantwortung, diese Wahrheit zu leben. Denn ohne die innere Selbstverpflichtung, unsere Werte hochzuhalten und sie unsere Handlungen bestimmen zu lassen, ist das Wissen unserer Werte nur Schall und Rauch.

Jede Phase der Bewusstwerdung eines Aspekts unserer essenziellen Wahrheit ist eine Art Adoleszenz, in deren Verlauf wir von einer unreifen Sicht unserer Existenz zu einem reiferen Verständnis erwachsen. Genauso, wie wir nach unserer Jugend als Erwachsene Verantwortung für uns selbst in der Welt übernehmen, bringt jede Erkenntnis unseres Selbst die Verantwortung mit sich, diese Wahrheit durch unser Leben auszudrücken und für andere ein Leuchtturm zu sein. Nicht demonstrativ oder missionarisch (das wäre wieder das Ego), sondern aufrichtig und bescheiden. Nicht als Tun, sondern als Sein. Denn was musst du tun, um zu sein, was du bist?

Es kann durchaus passieren – und tatsächlich passiert es früher oder später unvermeidlich –, dass du in Situationen gerätst, in denen die Integrität hinsichtlich deiner Werte auf den Prüfstand gestellt wird. Solche Situationen bestehen entweder darin, dass du dich bewusst gegen eine Gewohnheit und für einen deiner Werte entscheiden musst oder es geht darum zu sehen, wie wichtig dir ein bestimmter Wert wirklich ist, also ob du ihn verraten würdest. Das klingt jetzt sehr prosaisch, deswegen möchte ich dir kurz ein Beispiel geben, wie ich selbst solch eine Situation erlebt habe.

BEISPIEL

Die Hotelrechnung

Es ist schon ein paar Jahre her, da hielt ich ein mehrtägiges Seminar für Führungskräfte in der Nähe von Köln. Das Seminar endete an einem Freitag, ich beschloss aber, noch einen Tag länger zu bleiben und erst am Samstag abzureisen. Es war abgesprochen, dass der Veranstalter des Seminars meine Hotelübernachtungen übernimmt, doch die zusätzliche Nacht wollte ich selbst bezahlen, da das Seminar ja bereits vorbei war.

Da Integrität und Klarheit zwei meiner wichtigen Werte sind, war mir viel daran gelegen, die Hotelkosten klar zwischen beruflich und privat zu trennen.

Als ich zum Auschecken an der Rezeption stand, hatte die Empfangsdame alle Übernachtungen auf eine Rechnung gebucht. Eine Stimme in mir sprang sofort an und sagte „Das kannst du so nicht stehen lassen. Das wäre betrügerisch!"

Und so bat ich die Empfangsdame, die Rechnung zu teilen, damit ich die eine Übernachtung selbst bezahlen konnte. Diese jedoch hatte keine Lust auf die zusätzliche Arbeit und versuchte, mich zu überreden, die Rechnung so stehen zu lassen.

„Ach kommen Sie schon", erwiderte sie, „das fällt doch gar keinem auf. Außerdem ist die Rechnung doch jetzt schon fertig."

Ich spürte, wie sich etwas in mir wehrte. Allein die Vorstellung, mich auf die Versuchung einzulassen, ließ mich wie ein Lügner und Verräter fühlen. Meine Werte forderten mein kongruentes Handeln ein. Da sie mir bewusst sind, wäre jede abweichende Handlung wie ein Verrat und würde sich auch so anfühlen.

„Nein“, sagte ich entschlossen zu der Dame, „das wäre nicht richtig. Integrität ist einer meiner Werte und daher gibt es für mich keine andere Möglichkeit, als eine geteilte Rechnung.“

Sie versuchte noch zweimal, den Mehraufwand für sich zu umgehen, indem sich mich zu überzeugen versuchte, dass der Rechnungsempfänger die eine Übernachtung mehr gar nicht bemerken würde und dass ich es als glückliches Geschenk betrachten solle.

Doch ich blieb bei meinen Werten und das fühlte sich so viel besser an, als ein paar Euro gespart zu haben.

Für den einen oder anderen klingt das vielleicht so, als wäre ich in den letzten Jahren immer integer gewesen, immer ehrlich. Wie ein vermeintlich Heiliger. Das war ich bestimmt nicht. Doch das ist es auch nicht, worum es in der Essenz der Werte geht. Es geht vielmehr darum, dass wir uns selbst treu bleiben. Je mehr wir unsere tatsächliche Realität entdecken und annehmen, desto weniger können wir uns selbst belügen oder verleugnen. Unsere innere Wahrheit mehr und mehr kennend, tut eine Entscheidung für die Unwahrheit hundertfach weh. Und dennoch kommen wir immer wieder in Situationen, in denen unsere Werte auf die Probe gestellt werden, in denen es um das bewusste Bekenntnis zu unseren Werten geht. Das ist die göttliche Gnade, wenn man so will. Man könnte aber auch sagen: Es ist das Leben, dass sich selbst nach dem Weg fragt, um zu sehen, wie bereitwillig es bereit ist, die Maske des Egos fallen zu lassen.

Wenn ich vom radikalen Leben der Werte spreche, dann mag sich das womöglich demagogisch anhören. Gemeint ist hier nicht, die eigenen Werte mit Härte und Rücksichtlosigkeit zu vertreten oder durchzusetzen, das wäre ein Missverständnis. Radikal meint hier, dass wir uns ganz und gar, von Grund auf, für unsere Werte entscheiden, wenn wir gesehen haben, dass sie ein untrennbarer Bestandteil unserer Essenz sind. Wir sagen quasi kompromisslos „Ja" zu uns selbst, einem inneren Schwur gleich.

Nur in seltenen Fällen sind alle Werte bereits manifestiert, wenn ein Mensch sich seiner Werte bewusst wird. Normalerweise ist anfänglich einer der Werte im Leben recht stark ausgeprägt und zu einem guten Stück in der Welt gelebt. Die anderen Werte sind dann noch in einem eher passiven Zustand, als inaktives Potenzial. Wenn du dich also jetzt fragst „Wie soll ich denn nur all meine Werte in mein Leben integrieren?", dann sei dir gewiss, dass du genau das nicht tun musst. „Aber ich soll sie doch leben!", wirst du vielleicht sagen. Du musst nichts Derartiges tun. Genau darum geht es. Du musst nicht deine Werte leben. Alles, was du tun kannst, ist zuzulassen, dass deine Werte dich leben. Du erlaubst, von deinen Werten belebt und geführt zu werden. Du öffnest dich diesem inneren Strom zeitloser Weisheit und Intelligenz in dir und lässt zu, dass deine Handlungen durch sie beseelt werden.

Für die inaktiven Werte gilt ähnliches: Hier zählt unsere Intention und Bereitschaft, dass sie sich entfalten mögen. Unsere hingebungsvolle Aufmerksamkeit für die schlafenden Werte erweckt sie nach und nach. Ist z. B. Loyalität ein noch eher passiver Wert in unserem Leben, wird allein unsere Aufmerksamkeit für diesen Wert Situationen erzeugen, in denen wir mit dem Thema Loyalität konfrontiert werden. Ich sehe diese Fügungen als Geschenke, da sie Gelegenheiten sind, in denen wir mehr über uns herausfinden können. Für unsere Werte bedeutet das, dass sie sich zeigen können. Dadurch, dass sie sich zeigen, lernen wir sie besser kennen und sie verwurzeln sich wiederum tiefer in unserem Leben. Es ist ein zyklischer Prozess, eine Art organisches Seelenwachstum.

Das meine ich mit Aufmerksamkeit für die Werte. Aufmerksamkeit steuert den Energiefluss und was Energie erhält, wächst.

Gleichzeitig braucht es ein bisschen Geduld, denn natürliches Wachstum richtet sich weder nach einer Uhr, noch nach Erwartungen. Unsere inaktiven Werte sind wie Saatkörner, die in fruchtbarem Boden liegen. Wenn die richtige Saison gekommen ist, springen sie auf und gebären sich ins Leben.

Das Tao der wahren Werte

Wie bereits erwähnt, leben wir unsere Werte, indem wir uns durch sie leben lassen. Das ist eine Umkehrung unserer gewohnten Haltung im Quadrat des Überlebens, wo wir glauben, Dinge immer tun zu müssen, damit sie geschehen. Wir sind es gewohnt zu kontrollieren, zu manipulieren, zu stimulieren. Im Dreieck der Erfüllung, in der Dimension unserer Seele, funktionieren diese Ansätze nicht. Das Gegenteil ist eher der Fall: Je mehr wir versuchen und angestrengt wollen, umso weniger entwickelt sich etwas in die gewünschte Richtung. Im Reich des Seins ist Tun ein Widerspruch.

Im Tao-Te King, dem zeitreisenden Buch des heiligen Weisen Lao Tse, der im sechsten Jahrhundert vor Christus lebte, beschreibt dieser die Tugend des „Wu-Wei" – der Abwesenheit von Tun – folgendermaßen:

„Die Beherrschung der Welt wird dadurch erreicht, dass man den Dingen ihren natürlichen Lauf lässt. Wenn du die Weise der Natur störst, kannst du die Welt nie beherrschen."

~ Lao Tse

Es gibt eine kleine Geschichte zum Prinzip des Wu-Wei, die ich kurz erzählen möchte, um die Bedeutung des „Passieren-Lassens“ zu veranschaulichen:

Es war einmal ein Reisbauer, der sehr fleißig war. Er ging tagtäglich früh morgens aufs Feld und kam erst zum Sonnenuntergang wieder nachhause. Er arbeitete hart, um seine Familie zu ernähren und seine Frau war stolz, dass er sich so sehr bemühte. Doch so viel er auch arbeitete, der Reis wuchs dadurch nicht schneller. „Es muss einen Weg geben, den Reis schneller wachsen zu lassen“, dachte er. Dann kam ihm eine Idee! Er könnte den Reispflanzen beim Wachstum helfen, indem er die Sprösslinge empor zöge.

Am nächsten Tag war er bereits zur Dämmerung auf dem Feld. Eine nach der anderen zog er die jungen Pflanzen ein paar Zentimeter empor. Nachdem er seine Mission beendet hatte, ging er freudestrahlend nachhause und berichtete seiner Familie triumphierend: „Ich hatte eine einmalige Idee. Heute habe ich dem Reis beim Wachsen geholfen. Schaut es euch an! In nur wenigen Stunden ist er so viel höher geworden.“

Neugierig und freudig erregt über den Erfolg seines Vaters, lief einer der Söhne schnell aufs Feld, um das Wunder mit eigenen Augen zu sehen. Als er dort ankam, waren alle Pflanzen, denen der Reisbauer „geholfen“ hatte, eingegangen.

Durch unsere Ungeduld verhindern wir, dass sich unser Selbst auf natürliche Weise entfaltet. Wir glauben zu wissen, was das Resultat unserer Entwicklung sein soll und wollen sofort dorthin kommen, sofort dort sein, um die Früchte zu ernten. So verhalten wir uns auch den Werten in uns gegenüber, die sich noch nicht in vollem Umfang in unserem Leben manifestiert haben. Diese ungeduldige Zwanghaftigkeit, zu kontrollieren und zu machen, bringt hervor, dass wir beginnen, Werte zu imitieren: Wir spielen dann z. B. den Loyalen, wir tun so, als ob uns alles mit Leichtigkeit von der Hand gehe, wir üben uns in Toleranz (was wir nicht tun würden, wenn wir wahrhaftig tolerant wären) usw.

Damit wollen wir den Werten helfen, an die Oberfläche zu kommen und in der Welt sichtbar zu werden. Tatsächlich passiert jedoch, dass wir den Prozess behindern und verzerren. Als Menschen sind wir überaus empfindsam für Authentizität. Wir riechen, wenn etwas nicht echt ist, nicht von Herzen kommt, wenn jemand nur so tut als ob. Damit das nicht passiert oder wir aus solch einer Falle herausfinden, ist es notwendig, zu erkennen, wie genau wir uns behindern. Das Imitieren von Werten ist eines dieser Hindernisse. Ein noch besseres Verständnis erhalten wir aber, wenn wir uns bewusst werden, warum manche Werte sich noch nicht in unserem Leben ausdrücken und somit für uns (und andere) nicht erfahrbar sind.

Die Auflösung der Blockaden

Allzu leicht erliegen wir dem Irrtum, wir könnten daran arbeiten, dass unsere Werte manifester werden in unserem Leben. Dies ist kein Wunder, denn genau das wurde uns von Kindesbeinen an eingeimpft. Unsere Erziehung war darauf ausgerichtet, dass sich nur dann etwas in unserem Leben verändert, wenn wir dafür arbeiten. Und zwar hart. Doch genau wie der Sprössling der Reispflanze, ist das Leben nicht hart und starr, sondern weich und flexibel. Der Prozess der Manifestierung unserer wahren Werte ist ein Prozess des Lebens selbst, dem die Intelligenz des gesamten Universums zugrunde liegt. Wir blockieren diesen Prozess unabsichtlich, indem wir versuchen, ihn zu steuern und zu beschleunigen - ihm zu helfen.

Was also ist die Lösung? Wir können beginnen zu sehen, dass wir unserer Entwicklung selbst im Weg stehen, dass unser Bemühen, sie zu optimieren, das wirkliche Hindernis ist. Wenn beispielsweise einer unserer Werte Leichtigkeit ist und wir versuchen konzentriert, Dinge mit Leichtigkeit zu tun, erleben wir das exakte Gegenteil: was wir tun ist anstrengend und schwer. Leichtigkeit entsteht, wenn wir das Leben leicht nehmen und den Dingen nicht zu viel Gewicht geben. Dann fühlen wir uns schwerelos und erleben uns im Fluss. Damit also Leichtigkeit manifest wird, muss ich sie loslassen.

Wenn wir erkennen, dass unser Versuch, unsere Werte in unse-rem Leben sichtbar zu machen, der Grund ist, dass sie noch nicht sichtbar sind, dann entsteht die Chance, dass wir uns dem Prozess ergeben können, uns ihm anvertrauen und damit seinen Windungen und Wegen öffnen. Die Bahn frei machen, aus dem Weg gehen: das ist unser wirklicher Job dabei.

Leicht ist richtig.
Fange richtig an und du bist leicht.
Setze leicht fort, und du bist richtig.
Dies ist der rechte Weg zur Leichtigkeit:
nicht an den rechten Weg zu denken und auch nicht,
dass es leicht ist, ihn zu gehen.

~ Tschuang Tse

Wie schon zuvor, ist es auch hier der Schlüssel, die Dinge sein zu lassen. Nichteinmischung ist die Kunst, sich dem Leben und seinem stetigen Entwicklungsprozess bedingungslos hinzugeben, in dem tiefen Verständnis, dass sich schon immer alles von allein genau richtig entfaltet hat, auch wenn wir meinten, wir hätten es selbst getan. Unsere Offenheit, dem Göttlichen in unserem Leben - und damit uns selbst - in seiner unendlichen Weisheit und Güte zu vertrauen, bringt dann plötzlich eine neue Haltung in uns zum Vorschein, die wir nicht kreieren: sie entsteht wie aus sich selbst. Und in ihr drückt sich mühelos aus, was wir vorher so angestrengt in unserem Leben gesucht haben: unsere tiefsten Werte.

Warum sage ich unsere tiefsten Werte? Weil in unserer Komfortzone die Welt voller Werte, Haltungen, Normen, Überzeugungen, Moralvorstellungen und Tugenden erscheint. Dies sind überwiegend kulturelle Werte, die nicht unbedingt deinen tiefsten Werte entsprechen müssen.

Philosophie-Professor Andreas Niederberger

Werte geben Dingen ihren Wert. Wenn Liebe ein Wert ist, sind die Menschen, die ich liebe, für mich wertvoll. Wenn Reichtum ein Wert ist, ist mir meine Luxuswohnung wertvoll. Das Problem: Werte werden oft mit Normen oder Tugenden verwechselt. Es gibt aber entscheidende Unterschiede.

Werte geben kein genaues Handeln vor – Normen schon. Tugenden dagegen zeigen sich darin, wie selbstverständlich Menschen bestimmte

Dinge tun, die wir wertschätzen. Die Erklärung von Prof. Niederberger in Kurzform:

- *Werte geben den Dingen Wert – sie verbieten oder fordern aber nichts Konkretes, um sie zu erreichen. Sie geben keine bestimmte Handlung vor. Sie lassen sich nicht in Vorschriften oder Verbote übersetzen. Niemand kann bestraft werden, weil er Werte nicht teilt oder sie nicht anerkennt. Der Wert „Frieden" zum Beispiel: Um das zu erreichen, worauf dieser Wert abzielt, kann in einem Fall der Einsatz von Waffen nötig sein, im anderen Fall nicht.*

- *Normen bestimmen, ob und welche Handlungen richtig oder falsch sind. Sie werden durch Moralauffassungen oder in der Gesellschaft festgelegt, etwa als moralisches Gebot, Gesetz, Industrie-Norm oder Staatsform. Die Norm „Gleichberechtigung" zum Beispiel: Sie gibt vor, dass Männer und Frauen gleiche Rechte genießen. Verstöße dagegen können geahndet werden.*

- *Tugenden drücken aus, wie tief Moralität und „gutes" Handeln in einem Menschen stecken. Tugenden beschreiben sozusagen die Handlungsweise eines Menschen: Mut, Klugheit, Pünktlichkeit, Fleiß, Genauigkeit, Sauberkeit. Die Tugend der Pünktlichkeit zum Beispiel (falls sie eine ist) zeigt sich erst, wenn jemand regelmäßig pünktlich ist.*

Der Einfluss der Werte auf Haltung und Verhalten

Wie wir inzwischen gesehen haben, fungieren unsere Werte als Richtungsweiser für unser Handeln und Wirken in der Welt; sie geben Wert. Sind sie uns einmal vollständig bewusst, bringen unsere Werte kontinuierliche Orientierung in unser Leben.

So können wir auch sehr bewusst Entscheidungen und Positionen überprüfen, indem wir sie in Relation zu unseren Werten setzen. Wenn wir unsicher sind, ob unsere Haltung zu einem bestimmten Thema im Einklang mit dem Auftrag unserer Seele ist, können wir uns selbst Fragen stellen wie „Würde sich Loyalität so entscheiden?“, „Ist das Ausdruck von Lebensfreude?“, „Fühlt sich das wie Leichtigkeit an?“ usw.

Bevor unsere Werte in und durch unser Leben Ausdruck finden, existieren sie als pures Potenzial der individuellen Qualitäten unserer Seele. Durch unser Verhalten gelangen sie in die Welt und hinterlassen dort, wie ein Fußabdruck, ihre Spuren. Verhalten an sich ist Handlung informiert von einer bestimmten Haltung. Und unsere Haltung ist die Reflexion der Werte, die wir in unserem Innern am meisten schätzen und achten. Sie ist das Lächeln unserer Seele, die sich selbst wie durch einen Spiegel ansieht.

Im Zusammenhang mit unserer Lebensaufgabe bestimmen die Werte, wie wir unseren Beitrag für die Welt erbringen. Und dies hat immer auch etwas damit zu tun, wie wir uns in der Welt und anderen Lebewesen gegenüber verhalten. Unser tagtägliches Verhalten, von banalen bis zu außerordentlichen Situationen, ist eine Information - eine Formgebung - unserer Seele an den Geist der Welt. Es ist also so, dass wir in der Dimension unserer Seele unsere Werte permanent in unserem Verhalten, in unseren Interaktionen und Beziehungen, kodieren. Diese Werte sind wie die Samen einer Blume, das aus ihnen resultierende Verhalten, die sichtbaren Blüten und der wahrnehmbare Duft.

Sind deine Werte einmal bewusst und in dir geklärt, leuchten diese Blüten strahlend in der Welt und verbreiten einen anmutigen, lieblichen Duft, der Menschen ohne dein Dazutun in seinen Bann zieht. Es ist genau diese Magie, wenn ich sage, du wirst von deinen Werten gelebt und nicht umgekehrt. Dann ist dein Verhalten stets spontan und adäquat auf die Erfordernisse einer jeden Situation zugeschnitten. Dann ist Verhalten kein Tun, sondern der Inbegriff deines Seins. Dann ist dein Verhalten gesättigt und durchtränkt vom Göttlichen, das durch dich als Mensch im Universum Ausdruck findet.

Kim, 36 Jahre, Managerin, Oxford

But then Question 3, "so that… (my contribution to the company, society, the world)". Why do I do it? Why is it so important for me to bring Clarity to unclear situations? Surely people would work it out for themselves if they were left alone long enough to think about their problem. Yet I still do it, why? Because it truly is at the core of who I am, I want to support others to achieve their goals, professionally or personally.

Aber dann Frage 3 : "… damit … (mein Beitrag zur Firma, Gesellschaft, zur Welt)" Warum genau mache ich das? Warum ist es so wichtig für mich Klarheit in unklare Situationen zu bringen? Bestimmt würden die anderen das für sich selbst herausarbeiten können, wenn sie nur lange genug allein sind und ihr Problem klären könnten. Trotzdem mache ich es, warum? Weil das wahrhaftig die Essenz dessen ist, wer ich bin: Ich will andere unterstützen, damit sie ihre Ziele erreichen, persönlich und im Beruf.

Putting the answers to the three questions together, I wrote my purpose of life:

I am the one who brings clarity to unclear situations, through active listening, understanding and guidance, to support others to achieve their goals

Und so habe ich die 3 Fragen zusammen gebracht und meine Lebensaufgabe aufgeschrieben:

Ich bin die, die Klarheit in unklare Situationen bringt, mit aktivem Zuhören, Verständnis und Führung, um andere zu unterstützen, ihre Ziele zu erreichen.

Thinking over the statement, I thought of times with my family where I have supported them through tough times. A simple suggestion bringing clarity to an unclear situation for my brother, opened up a business opportunity when he was struggling to find work. The colleagues that I support daily, with tasks that ultimately benefit the company I work for. My husband who was studying for an interview but found the structure of the information hard to understand.

Während ich über meine Erklärung nachdachte, kamen mir Erinnerungen an Momente mit meiner Familie, in denen ich sie in schweren Zeiten unterstützt hatte. Eine einfache Empfehlung brachte Klarheit in eine unklare Situation für meinen Bruder und er entdeckte eine Berufsmöglichkeit, als er Schwierigkeiten hatte Arbeit zu finden. Die Kollegen in meinem Projekt, die ich täglich mit Aufgaben betreue, die ohne Frage Vorteile für das Unternehmen bringen, für das ich arbeite. Meinen Mann, der sich für ein Bewerbungsgespräch vorbereitet, aber die Hintergrundinformationen sehr schwer verstehen konnte.

Knowing my purpose of life truly has changed my life, having it written down for others to see and for me in my mind. I have gained understanding why in the past I have found situations frustrating, when someone comes to me for help and I can't answer their question immediately. I can not rest until I have researched their question, found the answers so I can offer them guidance and clarity.

Meine Lebensaufgabe zu kennen hat wirklich mein Leben verändert. Sie geschrieben zu haben, damit andere es auch sehen können und für mich, damit ich es immer im Kopf habe. Ich habe viel Verständnis gewonnen, warum ich Situationen in der Vergangenheit frustrierend fand, als jemand zu mir kam und um Hilfe bat und ich nicht sofort ihre Fragen beantworten konnte. Es lässt mir keine Ruhe, bis ich ihre Frage erforscht habe, die Antwort gefunden und dadurch Führung und Klarheit anbieten kann!

Everything that defines me is wrapped up in this statement, it's my biggest strength. This is me, this is who deep down, I know I am.

Alles was mich ausmacht, ist eingehüllt in diese Aussage, sie ist meine größte Stärke. Das bin ich, das ist die, die ganz tief in der Essenz weiß, das bin ich!

• • •

Dienstag, 11. Dezember 2018

Hi Juergen,

I wanted to share some amazing news with you, as you have played a massive part in changing my husband's life and in turn mine.

Hallo Jürgen,

ich will dir erstaunliche Neuigkeiten mitteilen, weil Du einen wesentlichen Anteil hast in der Veränderung des Lebens meines Mannes und meinem!

My husband has been in the process (again) of applying for a new role within the police, after three previously failed interviews over the past three years. We spent time working on his purpose of life and primordial wound over the past few months with very positive results. He truly embraced the process and found it highly beneficial.

Mein Mann war wieder dabei sich für einen neuen Posten bei der Polizei zu bewerben. Er war schon dreimal vorher gescheitert in den Bewerbungsgesprächen in den letzten drei Jahren! Wir haben viel Zeit miteinander verbracht; um an seiner Lebensaufgabe und seiner Urwunde zu arbeiten mit sehr guten Ergebnissen. Er hat den Prozess angenommen und fand ihn richtig hilfreich:

He had his interview yesterday, where he had the opportunity to tell them what his life purpose is and guess what ... HE GOT THE JOB!!!

Gestern hatte er sein Bewerbungsgespräch und er hatte die Gelegenheit, den Chefs zu sagen, was seine Lebensaufgabe ist und rate mal… ER HAT DEN JOB!!!

It's incredible the confidence he has gained through the training you have shared with me, he is like a totally different man. No longer held back by the issue of his past and his self-sabotage.

Es ist unglaublich, welche Zuversicht er durch das Training gewonnen hat, das Du mir gegeben hast, und das ich ihm weitergegeben habe. Er ist wie ein total anderer Mann! Nicht mehr zurück gehalten durch die Ablehnungen aus der Vergangenheit und seiner Selbst-Sabotage.

So, a BIG thank you to you and the wonderful work that you do, you have changed our lives.

Also, ein richtig dickes "Dankeschön" für Dich und die wundervolle Arbeit, die Du machst. Du hast unser Leben verändert!

KAPITEL ACHT

DER BEITRAG FÜR DIE WELT

8

Was soll das alles? Wofür sind wir so einzigartig, wie wir sind? Im Quadrat des Überlebens glauben wir, dass all unsere Ressourcen und Fähigkeiten Werkzeuge sind, um in der Welt zu überleben. Und genau so setzen wir sie meistens auch ein: egoistisch und egozentrisch. Uns stehen durch unsere seelischen Aspekte feine, hocheffiziente Qualitäten zur Verfügung, die wundervoll sind.

Solange sie jedoch ausschließlich von unserer Überlebensmechanik genutzt werden, können sie ihre filigrane Kraft und Intelligenz nicht entfalten. Es ist in etwa, als würde man versuchen, mit einem Skalpell einen Baum zu fällen.

Für unser Ego ist die Idee eines Beitrags für die Welt, sprich für andere, uninteressant und abwegig, denn unser Ego ist immer darauf aus, sich selbst zu stärken, abzusichern und zu vergrößern. Wenn das Ego also von einem Beitrag für die Welt hört, fragt es automatisch „Und was habe ich davon?" Und tatsächlich kann unser Ego hier nichts gewinnen und sich nicht optimieren. Es wird daher keine Hilfe sein, wenn wir unseren Beitrag für die Welt ergründen wollen. Im Gegenteil: unser Ego wird aller Wahrscheinlichkeit nach sogar versuchen, unsere Aufmerksamkeit von diesem Thema wegzulenken und somit das bewusste Erkennen unseres Beitrags zu sabotieren.

Doch bevor wir tiefer einsteigen in die Ergründung unseres eigenen Beitrags, stellt sich die Frage: Wieso haben wir einen Beitrag für die Welt und was ist das überhaupt?

Aus Sicht der Seele gibt es kein „Mein" und „Dein", kein Ich und Du in dem Sinne, in dem unser Ego-Verstand die Welt und das Erleben unterteilt. Unsere Seele kennt sich selbst als eins mit allem, in dem sie ein individueller göttlicher Ausdruck ist, gewissermaßen eine von unendlich vielen Perspektiven auf das, was wir als Leben bezeichnen und erfahren. Unsere Seele ist wie eine Art lebendiger TV-Kanal, durch den sich das Göttliche selbst wahrnimmt und ausdrückt. Ergo gibt es so viele dieser individuellen Kanäle, wie es Lebewesen gibt. Das menschliche Wesen ist die Manifestation der Seele, der Ausdruck der Seele in Form, ein Interaktionsinstrument in einem Erfahrungsraum, den wir „Welt" nennen.

Die menschliche Daseinsform kann als intelligente, multidimensionale Schnittstelle in dieser Welt verstanden werden; sie interagiert mit der Welt, indem sie permanent Daten als Wahrnehmung aufnimmt (über die fünf Sinne) und wiederum Daten derselben Art erzeugt und abgibt (Erscheinung, Stimme, Bewegung, Geruch, Berührung). Auf diese Weise beeinflusst und gestaltet jedes fühlende, lebende Wesen in jedem Moment die Welt, in der es lebt - als Selbsterfahrung des Göttlichen.

Das, was durch unsere Seele und unseren menschlichen Körper in der Welt erfahrbar werden soll, ist unsere Einzigartigkeit. Die Qualitäten, mit denen diese Manifestationen in die Welt gelangen, sind unsere Werte. Der Sinn dahinter, die universale Mission, ist unser Beitrag für die Welt.

Auf menschlicher Ebene tun wir mit unserem Beitrag etwas für andere. Es ist eine fließende Bewegung aus unserer Mitte hinaus in die Welt, ins Universum. Im Essenz-Modell formulieren wir unseren Beitrag für die Welt mit der Konjunktion „damit", weil wir das Warum ausdrücken wollen. Unser Beitrag ist das Warum unserer Einzigartigkeit.

Sven, 37 Jahre, Projektmanager bei Daimler

Die Frage nach meinem WARUM, meiner Lebensaufgabe, begleitet mich schon länger. Immer wieder habe ich wahrgenommen und erkannt, dass ich der Antwort zwar in kleinen Schritten näherkam - vorwiegend mit Seminaren zur Selbstfindung etc. –, doch ließen sich die Erkenntnisse für mich nicht konkret zusammenführen. Es trieb mich der tiefe Wunsch, all die vielen unterschiedlichen Facetten meiner Seele auf einen Nenner zu bringen, von dem alles ausgeht.

Als ich vor kurzem das Coaching zum Essenz-Modell begann, war mein Fokus ausschließlich auf die Lebensaufgabe gerichtet. Ich wollte wissen, wer ich bin und was hier meine konkrete Aufgabe ist.

Die Momente, in denen sich meine Einzigartigkeit und später folgend auch mein Beitrag für die Welt in Worte fassen ließen, ohne ein einziges „Aber", sind sehr bedeutend für mich. Als ich die Worte erstmalig sprach, änderte sich spürbar die Farbe meiner Stimme, ein permanentes Lächeln zeigte sich, welches sich nicht mehr unterdrücken ließ und die große Freude, die ich verspürte, als sich die Elemente der Lebensaufgabe fügten, ist mein Beweis dafür, dass ich gefunden habe, wonach ich lange suchte.

Der Wert des freigelegten „Essenz-Passes" wird mir im Alltag zunehmend bewusster. Ich fange Schritt für Schritt an zu verstehen, dass die Lebensaufgabe ein Teil ist – bei weitem jedoch nicht alles. Wenn ich in Alltagssituation mit intensiven Gefühlen in Kontakt trete, dann lassen sich diese meist auf Essenzen meines Passes zurückführen. Das wirkt in bestimmten Situationen noch erschreckend auf mich, welchen Raum bspw. die Urwunde einnimmt und wie sie mein Handeln und Fühlen beeinflusst. Und gleichzeitig bin ich dankbar für dieses Bewusstsein. Es ist für mich ein großes Geschenkt, auch mit Dankbarkeit auf meine Urwunde und meine Überlebensstrategie zu schauen, denn sie haben es ermöglicht, der zu werden, der ich bin.

*Ich bin der, der für das Wesentliche kämpft,
mit Klarheit, Integrität und Großzügigkeit,
damit Verbindung entsteht und
ein Miteinander wächst.*

Das Zeitalter des Beitrags

Wir leben in einer Epoche, in der der Beitrag des Einzelnen für andere eine signifikante Bedeutung bekommen hat. Ob es unser Beitrag zum Klimaschutz ist, die Teilnahme an Online-Petitionen gegen Ungerechtigkeiten, das soziale Jahr in einem Entwicklungsprojekt oder das Überlassen von Pfandflaschen an Mülleimern für pfandsammelnde Mitbürger: wir werden allerorts dazu aufgerufen, einen Beitrag zu leisten und fühlen uns gut, wenn wir es tun.

Doch noch mehr als das, haben wir das Bedürfnis, persönlich und aktiv einen Unterschied in der Welt zu machen. Wir spüren tief in unserem Innern, dass wir etwas zu geben haben, wir spüren den Drang, uns zur Verfügung zu stellen. Wir wissen aber nicht wie und womit oder wodurch.

Als Überlebende unserer Überlebensmechaniken sind wir auf Handeln und Tun als unsere primären Eigenschaften konditioniert. Also suchen wir nach Ideen, was wir in der Welt tun können, um einen Beitrag zu erbringen. In den allermeisten Fällen finden wir etwas, das andere bereits tun und schließen uns an. Wir übernehmen also das Engagement von anderen und machen es zu unserem, kopieren es somit.

Das kann eine ehrenamtliche, karitative Tätigkeit in einer Suppenküche für Obdachlose sein, eine Patenschaft für ein Kind in Angola, Chorsingen in einem Altenheim, die aktive Mitarbeit bei Hilfsorganisationen, das Retten von ausgesetzten Haustieren und vieles mehr. Wenn wir ehrlich sind, wissen wir nicht, was unser Beitrag ist, also suchen wir etwas, dass mit unserem Gefühl von „Beitrag geben" in Resonanz steht.

Doch diese Art von Beitrag ist nicht gemeint, wenn wir im Essenz-Modell vom Beitrag für die Welt sprechen. Natürlich kann es vorkommen, dass mein wahrer Beitrag für die Welt darin mündet, dass ich mich für ein Jagdverbot von Walen einsetze, aber diese Handlung wäre eine Manifestation meines Beitrags und nicht mein Beitrag selbst.

Der Beitrag für die Welt im Essenz-Modell ist viel grundsätzlicher als eine konkrete Handlung oder Initiative. Er ist vielmehr eine Blaupause, aus der Aktion entstehen kann. Der Einsatz für das Walfangverbot von oben ist eine Handlung, der zugrundeliegende Beitrag könnte hier lauten „damit Respekt und Liebe zwischen allen Lebewesen gewahrt bleibt".

Unser wahrer Beitrag entspringt der Qualität des Seins und ist in sich selbstlos, d. h. er ist nicht selbst-bezogen. Es gibt kein Ego, das davon profitieren würde. Daher taucht in der Formulierung des Beitrags kein „Ich" auf. Unser Sein ist die Quelle des Beitrags, so wie es die Quelle unserer Einzigartigkeit und unserer Werte ist.

BEISPIELE

Nachfolgend findest du einige reale Formulierungen von Beiträgen, die Menschen mithilfe des Essenz-Modells für sich entdeckt haben:

Damit in unserer Welt das Wertvolle
bewahrt und respektiert wird.

Damit Raum für Zufriedenheit entsteht.

Damit Menschen selbstbestimmt und harmonisch
zusammenleben können.

Damit Menschen Halt finden und
ihre Ideen fliegen können.

Damit jeder eine Chance bekommt,
der zu sein, der er ist.

Damit voller Begeisterung das zusammenwächst,
was zusammengehört.

Damit die Welt entzündet ist,
sich selbst zu erleben.

Damit jeder seinen Beitrag erkennt,
aus dem sich ein großes Ganzes ergibt.

Durch unseren Beitrag formen wir die Erfahrung der Welt für andere. Der Effekt unseres Beitrags breitet sich aus wie die kleinen Wellen, die entstehen, wenn man einen Kieselstein in einen Teich wirft. Diese Wellen gehen hinaus in die Welt und werden gleichzeitig zu uns zurück reflektiert. Dieses Echo unseres Beitrags ist ein Feedback für uns, an dem wir wachsen und die Qualität unserer Mit-Wirkung ablesen können. Wir sind Mitgestalter, Co-Kreateure, in diesem kosmischen Ereignis, das wir Leben nennen. Unser Beitrag kann im Einzelnen vielerlei Ausprägungen haben: eine Handlung, ein Wort, eine Botschaft, eine Idee, eine materielle Form. Welcher Art dieser Beitrag in einer spezifischen Situation ist, entscheidet sozusagen die Situation, nicht wir. Wir sind der göttliche Kanal, durch den der Beitrag in die Welt fließt.

Du musst also nicht permanent schauen, wo du wie einen Beitrag erbringen kannst, sondern offen unvoreingenommen sein für das, was eine bestimmte Situation von dir erfordert. Du bleibst offen für alle Möglichkeiten, die aufgrund deiner individuellen Qualitäten (deine Einzigartigkeit und deine Werte) für dich möglich sind und vertraust darauf, dass die Situation deinen Beitrag quasi aus dir abruft. Damit unser Beitrag für die Welt wahrhaftig erblühen kann, ist es förderlich, wenn wir das Leben in jedem Moment mit so geringem Widerstand wie möglich durch uns hindurchfließen lassen. Denn unser Beitrag ist die Bewegung des Lebens ausgedrückt durch uns in jedem Augenblick.

Das Prinzip ist, das jeder potenziell ein Beitrag für den anderen sein kann. Die Entfaltung unseres individuellen Wachstums bestimmt, welcher Beitrag welches Menschen zu welchem Zeitpunkt für uns erforderlich ist. Folgt man dieser Sichtweise weiter, so liegt es nahe, dass nicht nur Menschen, sondern alle fühlenden, lebenden Wesen ein Beitrag für die Welt sind, in der sie leben. Deine Hauskatze, dein Hund oder Goldfisch sind also ebenso

Mitwirkende in diesem System des gegenseitigen Beitrags, der gegenseitigen Wachstumshilfe.

Um das Geheimnis unseres Beitrags für die Welt zu lüften, durchsuchen wir abermals unsere Erinnerungen nach Schlüsselsituationen im Zusammenwirken mit anderen. Doch diesmal ist unser Fokus nicht darauf gerichtet, was das Besondere oder Einzigartige war, das wir eingebracht haben, sondern was unsere tiefere Motivation dabei war. Was sollte die Erfahrung des Teams, meiner Freunde, Familie, Kunden oder einfach „der anderen" sein? Welche Intention für die Welt bestimmte mein Wirken? Welche Vision hatte ich in diesem Moment, welchen Effekt mein Mitwirken auf die Betroffenen meiner Handlung haben würde?

Mein Beitrag für die Welt ist zum Beispiel „... damit Menschen ihre Lebensaufgabe erkennen und innere Erfüllung erleben." Aus dieser Haltung heraus setze ich meine Einzigartigkeit, Unbewusstes bewusst zu machen, dort ein, wo sie erforderlich ist. Auf der Entdeckungsreise meines eigenen Beitrags habe ich mich immer wieder gefragt: „Was treibt mich wirklich an? Was erfüllt mich tatsächlich als Resultat meines Wirkens? Was wünsche ich mir, das andere durch meine Einzigartigkeit erleben? Was wünsche ich also anderen als Effekt meines Handelns in der Welt?

MEDITATION

Was ist mein Beitrag für die Welt?

Nachdem du einen angenehmen Platz gefunden hast, schließe die Augen und lenke deine Aufmerksamkeit sachte zu deinem Atem. Erlaube deinem Atem, tief und umfassend zu sein. Wenn der

Ausatem kommt, lasse ihn mit einem Seufzer herausströmen, gleichsam, als würdest du mit ihm eine Seifenblase machen und sie dann sanft in die Welt entlassen. Die restliche Luft strömt dann nach und aus, bis der nächste Einatemzug einsetzt. Auf diese Weise entspannt dein ganzes System für den Moment. Behalte diese Atmung für eine Minute bei und ohne dich dabei anzustrengen. Stelle dir dabei vor, wie du Seifenblasen erzeugst, die nach einander lautlos, von der Luft getragen, in die Landschaft entschweben. Es ist angenehm warm und das Sonnenlicht glitzert in den Seifenblasen, die sich immer weiter weg zum Horizont bewegen. Du machst die Seifenblasen und lässt sie ziehen, dorthin, wohin der Wind sie trägt. Du beginnst, eine Art Frieden und Verbundenheit darin zu spüren, in dieser Szene mitzuwirken und gleichzeitig geschehen zu lassen, was ganz von allein geschieht.

Bleibe für eine kleine Weile in diesem Gefühl fließender Harmonie und nimm wahr, dass es etwas in dir gibt, das diesen natürlichen, mühelosen Zustand genießt.

In diese entspannte Offenheit hinein, stelle nun folgende Frage: „Was gibt mir Sinn und Erfüllung?“ und „Was möchte ich durch mich für andere in der Welt erfahrbar machen?“

Es genügt vollkommen, diese Fragen bewusst zu stellen und dann weiterhin offen zu bleiben für jede Form einer Antwort, die kommen mag. Die Fragen sind wie ein farbenfroher Luftstrom, der durch deine Seelenräume zieht und sie lautlos erfüllt und durchdringt mit seiner Botschaft. Deine Seele reagiert darauf, indem sie eine Antwort mitgibt, die mit dem Luftstrom wieder an die Oberfläche gelangt und dort in Form eines Gedankens, eines Bildes, oder eines Gefühls zuerst vielleicht, erkennbar und greifbar wird.

Und plötzlich sprechen sich Worte in deinem Geist, die dich vielleicht überraschen. Doch gleichzeitig weißt du, dass sie aus Wahrheit sind.

Erlaube diesen Worten, zu sprudeln und sich zu formieren, bis sie einen unmissverständlichen Satz bilden. Merke dir diesen Satz oder schreibe ihn dir auf.

Dann komme langsam zurück von dieser Reise, indem du deine Aufmerksamkeit wieder auf deinen Atem richtest und wahrnimmst, wie die Atemzüge kommen und gehen, wie die Wellen einer Brandung, ganz ohne dein Dazutun. Atme nun ganz bewusst dreimal ein und aus und öffne langsam deine Augen. Orientiere dich schließlich wieder in Zeit und Raum und danke deiner Seele für ihre Botschaft.

Marc Wallert, 41 Jahre, Manager und Coach

Das Essenz-Modell ist wie ein Diamant – komprimiert und funkelnd klar. Und wertvoll. Für alle Menschen, die ihr Leben sinnvoll ausrichten wollen und es ernst damit meinen. Ich bin einer davon. Und bei mir war das ungefähr so:

Jahrelang irrte ich orientierungslos von Stadt zu Stadt, von Beziehung zu Beziehung und von Job zu Job. Irgendwie hat irgendwas immer nicht gepasst. Neues Spiel, neues Glück. Aber wirklich angekommen war ich nicht. Ich wusste ja noch nicht einmal, wohin ich überhaupt wollte.

Bis zu dem Tag, mit Ende Dreißig, an dem wieder mal eine Beziehung in die Brüche ging. Zum Abschied gab mir meine scheidende Freundin einen verbalen Arschtritt, für den ich ihr bis heute dankbar bin. Eigentlich hatte sie mir gar nichts Neues gesagt. Und genau deshalb wurde mir plötzlich klar: „Moment mal, das habe ich doch schon mal gehört!"

Und so schaute ich zum ersten Mal in den Spiegel, den mir das Leben vorhielt und erkannte: ICH bin das Problem (oder zumindest ein Teil davon)! Es bringt nichts, nach einer neuen Frau da draußen zu suchen. Ich muss in MIR suchen! Und das war die gute Nachricht: Wenn ich das Problem bin, dann kann ich auch die Lösung sein.

Nachdem ich also jahrelang da draußen mein Glück gesucht habe, machte ich mich nun auf eine abenteuerliche Reise durch mein Inneres, um dort nach Ursachen und Lösungen für mein Leben zu suchen. Weit über 100 Tage verbrachte ich innerhalb von drei Jahren auf schamanischen Visionsreisen, Selbsterfahrungsseminaren, Initiationen zur Persönlichkeitsentwicklung, Schweigewochen im Kloster u.v.m. Ich begann sogar eine psychotherapeutische Ausbildung und reduzierte dafür meine Arbeit auf Teilzeit.

Ich bin viele Tode gestorben und kam immer wieder an meine Grenzen und weit darüber hinaus. In mir wuchs der Mut des Kriegers, aber ich wusste einfach nicht ich welche Schlacht ich ziehen und mit welchem Schwert ich kämpfen soll. Was macht mich aus? Wofür trete ich an?

Ich konnte meinen Arbeitgeber überzeugen in ein Coaching für mich zu investieren und erhielt zehn Stunden Coaching bei Jürgen Dluzniewski. Die Arbeit war intensiv und teilweise auch schmerzhaft. Aber am Ende stand mein Satz über mich selbst, mit dem mir ein Durchbruch im Berufsleben gelang:

Ich bin der, der andere Menschen wertschätzt und ihnen ehrliches Feedback gibt, damit sie sich vertrauensvoll öffnen und entwickeln können.

Mit dieser inneren Klarheit war ich nun endlich bereit, das zu tun, wovor ich als harmonieliebender Mensch immer Angst hatte: Führung übernehmen, Verantwortung tragen, Entscheidungen treffen, Ziele durchsetzen, Konflikte austragen, Ablehnung hinnehmen.

Wie eine magische Fügung des Lebens, hörte ich wenig später von einer geplanten Ausschreibung einer anspruchsvollen Führungsposition für einen Bereich mit 60 Mitarbeitern in 7 Abteilungen. „Das will ich!" platzte es aus mir heraus. Und wenig später trat ich vor mein neues Team und stellte mich vor als „Der, der andere Menschen wertschätzt…".

Ich hatte einen roten Faden, den ich sichtbar machen und als Basis meines Handelns nutzen konnte. Und das hat nicht nur mich orientiert, sondern auch mein Team. Wertschätzung und klares Feedback waren die zentralen Führungsinstrumente um meine Ziele als Führungskraft zu erreichen und gleichzeitig Menschen in Ihrer persönlichen Entwicklung zu fördern. Auch unangenehme Führungsaufgaben, wie Mitarbeiterversetzungen oder Kündigungen, konnte ich kraftvoll kommunizieren und umsetzen – innerlich kongruent mit meinen Werten, äußerlich transparent gegenüber meinem Team. Es war die Basis für fünf erfolgreiche Jahre als Führungskraft.

*Erst kürzlich habe ich meine Lebensaufgabe mit Jürgen Dluzniewski nachjustiert – aus aktuellem Anlass: Meinem Start in die Selbständigkeit, in der ich meine Lebensaufgabe mit meiner Einzigartigkeit verbinden möchte: **„Ich bin der, der den Blick schärft für die Chancen im Unvermeidlichen, mit Wertschätzung und Humor, damit Menschen … (work in progress)"**. Als Experte für den erfolgreichen Umgang* *mit Krisen und Veränderungen (Resilienz) werde ich Menschen und Organisationen auf ihrem Weg unterstützen. Dabei möchte ich neben meiner Führungserfahrung auch meine Entführungserfahrung einbringen, die ich als Geisel im Jahr 2000 unfreiwillig machen durfte.**

Die Klarheit über meine innere Ausrichtung gibt mir den Mut, meine Erfahrungen in einem Buch aufzuarbeiten und über Vorträge mit vielen Menschen zu teilen.

* Marc Wallert wurde im Jahr 2000 aus dem Tauchurlaub in Malaysia entführt. Zusammen mit zwanzig weiteren Geiseln, darunter seine Eltern, wurde er von Moslemrebellen auf die philippinische Insel Jolo verschleppt und dort für einhundertvierzig Tage im Dschungel gefangen gehalten.

Die Wichtigkeit des gesprochenen Wortes

Ein besonderes Merkmal des Essenz-Modells ist die bewusste und authentische Nutzung von Sprache, das heißt von Worten. Deshalb ist es so wichtig, um die eigenen, authentischen Worte zu ringen. Und es darf auch Zeit dauern und sich dabei immer wieder verändern, wie es im Falle von Marc Wallert deutlich zu erkennen ist.

Worte sind Symbole für das, was jenseits der Worte existiert: Schwingungen, Gefühle, Wissen, Wahrnehmungen. Sie schwingen in der Qualität und Amplitude des Inhalts, den sie transportieren. Wie kleine Container, die wir als gesprochene oder geschriebene Ladungen in die Welt schicken und ebenso aus der Welt empfangen. Wenn ich beispielsweise das Wort „Liebe" schreibe oder spreche, dann empfängst du dieses Wort als Symbol für die Schwingung der Liebe in dir. Und schon wirst du die Resonanz in dir spüren - jenseits der Worte.

Dein Beitrag für die Welt formt sich durch seine Bewusstwerdung ebenfalls als Worte bzw. als Wortkette, also als Satz in deinem Geist. Dabei sind die Worte wiederum Symbole für die Schwingungen deiner tieferen Wahrheit in dir. Sie verkörpern einen Teil deiner Wahrheit, codiert in Schrift und Sprache. In Bild und Ton.

Einmal gefunden, ist das Aussprechen des eigenen Beitrags von enormer Bedeutung. Das gesprochene Wort ist hier eine Reflexion der inneren Wahrheit und ermöglicht dem Verstand das Begreifen und Verwenden dieses Wissens. Der Unterschied zwischen innerem Wissen und mentalem Verstehen ist groß und eine unüberwindbare Schlucht, sofern sie nicht überbrückt werden kann. Wir können viele Wahrheiten über uns intuitiv wissen. Doch solange sie im Verstand nicht als Begrifflichkeiten verankert sind, stehen uns diese Wahrheiten bloß als vage Ahnungen und Tendenzen zur Verfügung.

Worte machen unser intuitives Wissen für den Verstand verfügbar und ermöglichen so eine bewusste und praktische Ausrichtung unserer Aufmerksamkeit. Indem wir unseren Beitrag für die Welt sprechen, fokussieren wir unseren Geist darauf, wir machen uns selbst klar, was wir wissen. Unser Ego-Verstand ist unser Navigationssystem in der Welt. Die Werte legen die Routenkriterien fest und unser Beitrag ist Grund und Ziel der Reise. Wenn unser Navigationssystem weiß, warum es uns navigiert, dann kann es uns ganz anders assistieren, als wenn es im Unklaren darüber ist. Sprechen wir unseren Beitrag aus, erfahren wir Klarheit im Verstand und Bestimmung im Handeln. Und genau das ist es, was die Welt von uns braucht.

Am Anfang war das Wort. Das Wort war bei Gott, und das Wort war Gott selbst. Von Anfang an war es bei Gott. Alles wurde durch das Wort geschaffen, und nichts ist ohne das Wort geworden.

~ Johannes 1,1-3

So beginnt das Johannesevangelium im Neuen Testament. Es geht mir hier nicht um religiöse Hintergründe oder Zusammenhänge, sondern darum, dass das Wort – Sprache, das Gesprochene – schon seit jeher von großer Bedeutung für das Wirken in der Welt ist. Das Göttliche formt sich als Wort und gebärt sich als Teil der Welt in die Welt. Worte, die unserer tieferen (göttlichen) Wahrheit entspringen, haben immer eine besondere Kraft, Anziehung und Ausstrahlung. Diese Worte zu finden, zu sprechen und zu leben, ist der Sinn und Zweck des Essenz-Modells.

Die neue Rolle des Egos

Bei der Betrachtung von Urwunde und Überlebensstrategie habe ich behauptet, dass das Ego nicht mehr ist, als ein illusorisches Selbstbild, das auf einer falschen Grundannahme beruht. Das ist wahr, aber nur ein Teil der Wahrheit. Denn damit dieses Selbstbild lebendig wird und von uns als lebendiger Kern unseres Selbst missverstanden werden kann, muss es mit unserer (Über-)Lebenskraft, dem rohen, kontinuierlichen Impuls des Lebens in der irdischen Dimension, vermengt werden. Es ist dieser Impuls, der göttliche Lebensenergie in ein Wesen - ein Lebewesen - formt. Ohne diese Kombination mit der Lebensenergie wäre das Ego lediglich ein toter Gedanke.

In vielen spirituellen Lehren und Religionen wird der Weg zu innerer Freiheit darin gesehen, das Ego zu besiegen, zu überwinden, auszulöschen. Das Ziel scheint dabei erst erreicht, wenn das Ego tot ist, wenn es vernichtet ist. Doch ist das überhaupt möglich? Und wer ist derjenige, der das Ego vernichten will? Ist es nicht das Ego selbst, das in die Ferne zeigt und ruft „Dort ist der Feind, dort drüben!"? Was in moderner Spiritualität und Psychologie als Ego bezeichnet wird, ist in der christlichen Tradition der Teufel.

Als Jesus Christus auszog, um vierzig Tage und vierzig Nächte in der Einsamkeit der Wüste zu verbringen, wurde er immer wieder „vom Teufel versucht", wie es heißt. Dieser Teufel probiert auf alle möglichen Weisen, Jesus von seinem Pfad abzubringen, der darin besteht, sich komplett dem Göttlichen in sich selbst hinzugeben und anzuvertrauen. Satan fordert ihn heraus, bedroht ihn, lockt ihn mit der Verheißung von weltlicher Macht und Reichtum. Sind das nicht die identischen Taktiken, die unser Ego anwendet, um die Hauptfigur in unserem Leben zu bleiben, der, um den sich alles dreht?

Im Essenz-Modell ist das Ego eine der Quellen unseres irdischen Daseins und zwar eine sinnvolle, da sie für einen Großteil unseres Lebens unser Überleben fördert. Unsere Grundannahme, dass wir unser Ego sind - diese Identität als Person - hat uns dahin gebracht, wo wir jetzt in diesem Augenblick stehen. Ganz offensichtlich haben wir bis hierhin überlebt. Das Ego scheint also eine Zutat des Rezepts „Mensch" zu sein, die von unserer göttlichen Seele so vorgesehen ist. Wenn wir das Ego als Überlebensimpuls im Quadrat des Überlebens betrachten, der das Individuum immer wieder vorantreibt und auch an den Abgrund führt, dann ist das Ego in der Form, in der wir es in der Überlebensmechanik, also im Hamsterrad, erleben, eine Raketenstufe auf dem Weg von der Erde ins Weltall - vom Irdischen zum Kosmischen.

Eine Raketenstufe ist Bestandteil einer Mehrstufenrakete. Sie treibt für eine bestimmte Zeit die gesamte Rakete an und wird, zur Verringerung der Gesamtmasse, nach dem Ausbrennen abgetrennt. Ähnlich ist die ursprüngliche Rolle des Egos (Überleben) ab einer bestimmten Bewusstseinsreife und Erkenntnistiefe aufgebraucht. Sie hat uns auf unserer Reise zu uns selbst so weit gebracht, wie sie musste und sollte. Jetzt aber ist diese Rolle zu Ende und kann abgetrennt werden. Dies jedoch erfordert unser bewusstes Zulassen. Denn im Gegensatz zur Raketenstufe, die einfach ausgeklinkt wird, versuchen wir als Ego an der gewohnten Rolle festzuhalten. Wir wollen nicht so recht loslassen, weil wir nicht so recht wissen, wodurch diese Rolle ersetzt werden wird.

Die neue Rolle des Egos hat nichts mehr mit Überleben zu tun, denn wir haben unsere Überlebensstrategie und -mechanik durchdrungen und durchschaut. Das Ego wird nun zum Assistenten unserer Lebensaufgabe, als Handlungskraft des Individuums in der Welt, die es ermöglicht, unseren Beitrag durch unsere Person in der Welt zu manifestieren.

Die Versöhnung mit dem Ego

Wenn das Ego nackt dasteht, entblättert von den Annahmen über uns selbst - unserem Selbstportrait -, bleibt etwas Ursprüngliches und Pures übrig: der Impuls des Lebens in der Form des Menschen kontinuierlich das zu erschaffen, was wir als „Welt" verstehen. Eine Antriebskraft die sagt „Ich bin!" und deren Drang es ist, dieses Sein in der Welt sichtbar werden zu lassen. Die Verwirklichung des göttlichen Selbst, indem es sich in die Wirklichkeit bringt (dorthin wo Wirkung ist).

Wenn die Verstrickungen dieses Lebensimpulses mit der Überlebensmechanik erkannt und überwunden sind (was zu erreichen eine der Kernkompetenzen des Essenz-Modells ist), erlischt unsere Tendenz, das Ego als Gegner oder Feind zu begreifen, da wir seiner wahren Natur und Realität gewahr sind. Wir wissen um die Unschuld und das Missverständnis, aus welchen heraus unser illusorisches Selbstbild entstanden war und können es daher in Liebe und Mitgefühl sein lassen ohne uns mit ihm zu verwechseln.

Wollen wir das Ego weder verkleinern und loswerden, noch festhalten und nähren, so steht uns eine friedliche Gelassenheit zur Verfügung, aus der heraus unser Beitrag für die Welt mit voller Lebenskraft strömen kann.

Wir erkennen, dass wir frei sind von den Fängen unserer gewohnten Ego-Identität, wenn wir unseren Beitrag nicht zu unserer Krone machen. Wenn wir nicht mehr versuchen, uns durch unseren Beitrag besser, überlegener, besonderer, einmaliger oder erleuchteter zu fühlen, dann sind wir mit unserem Ego versöhnt.

Dann limitieren wir uns Bewusstsein nicht und können der Beitrag sein, als der wir gemeint sind.

Roland E. Schön, Strategiecoach, Heidelberg

Was bedeutet das Essenz-Modell für mich?

Nahezu mein ganzes Berufsleben habe ich mich der Aufgabe verschrieben als Strategiecoach- und Berater „einzigartige Unternehmen" zu erschaffen. Einzigartige Unternehmen brauchen einzigartige Menschen, denen ihre Lebensaufgabe bewusst ist. 2002 habe ich daher einen Einzigartigkeitsprozess entwickelt, der bereits einige Elemente des nun vorliegenden Essenz-Modells beinhaltete. Jürgen Dluzniewski hat in beeindruckender Weise eine Weiterentwicklung vollzogen und bahnbrechende Zusammenhänge dargestellt, die für jedermann eine praktische Lebenshilfe darstellen. Damit kann jeder seine persönliche Einzigartigkeit entdecken und im Alltag die Erkenntnisse des Essenz-Modells anwenden.

Meine Lebensaufgabe nach dem Essenz-Modell habe ich wie folgt definiert:

Ich bin der Wegbereiter vollendeter, ganzheitlicher Lösungen, der Unvollständiges vervollständigt und mit inspirierender Kraft, richtungsweisender Effektivität sowie Pioniergeist dazu beiträgt, dass Unternehmer/Geschäftsführer ihre Lebensträume verwirklichen, die sie freier, unabhängiger und zufriedener machen.

Das Essenz-Modell gibt mir in dieser Klarheit Sinn, Orientierung und Lebensenergie, mich als Mensch zum Wohle anderer zu entfalten. Gerade dann, wenn es einmal schwierig wird und Probleme auftauchen, ist das Essenz-Modell ein verlässlicher Navigator.

Bei den meisten meiner Kundenprojekte geht es darum, eine einzigartige Alleinstellung mit den Auftraggebern zu erarbeiten. Mithilfe meiner Lebensaufgabe und des Essenz-Modells wird mir sehr schnell klar, was ich beitragen kann, damit ein Unternehmen einzigartig wird. Denn ich erkenne und sehe bereits nach relativ kurzer Zusammenarbeit mit den Auftraggebern, was diese im Zeitverlauf tun müssen, um sozusagen ein „vollendetes Unternehmen" zu schaffen das auf hohem Niveau Spitzenleistung für eine klar umrissene Zielgruppe erbringt. Das steht voll und ganz im Einklang mit der Mewes-Strategie (Engpasskonzentrierten Strategie nach Prof. Wolfgang Mewes). Aber das ist nur die inhaltliche Dimension.

Motivatorisch hilft mir das Essenz-Modell, meine Kräfte auf wirksame Ergebnisse und Produktivität im Arbeitsalltag auszurichten. Denn ich weiß damit sehr genau, wo ich den größten Unterschied bei der Entwicklung und Umsetzung ganzheitlicher Unternehmensstrategien machen kann.

Die Erkenntnis, dass es immer zentrale Engpässe gibt, die bei einem lebenden und vernetzten System die Zielerreichung treffsicher verhindern macht das Essenz-Modell besonders wertvoll. Denn die Unbewusstheit über die sogenannte „Urwunde" verhindert nicht nur, dass ich als Mensch meine Ziele nicht erreiche, sondern darüber hinaus verstimmt, verärgert oder gar deprimiert bin.

Persönlich habe ich durch die Entdeckung meiner Urwunde: „Ich bin nicht ganz richtig" nach dem Essenz-Modell erkannt, dass mich dieses Phänomen in der Vergangenheit sehr viel emotionale Kraft gekostet hat, weil ich Verteidigungs- und Rechtfertigungsstrategien entwickelt habe.

Vor allem und leider auch bei durchaus berechtigter Kritik an meinem Verhalten.

Heute reagiere ich nicht mehr sofort, bin weniger ärgerlich und gestresst, wenn andere mit mir, meiner Arbeit und oder meinem Verhalten nicht einverstanden sind. Mit dem Essenz-Modell höre ich anders hin, das was andere als vermeintliche Kritik benennen, höre ich dann als Beitrag zur künftigen Verbesserung. Meine Lebensqualität wird dadurch enorm gesteigert. Probleme haben plötzlich keine solche Schwere mehr.

Das Essenz-Modell ist für mich ein praktisches Werkzeug, um stetig bewusster zu werden bezüglich meines eigenen Verhaltens und meines fundmentalen Beitrages für die Welt.

Es unterstützt mich dabei, konstruktive und destruktive Denk- und Handlungsweisen von Menschen in strategischen Veränderungsprozessen und bei der Entwicklung und Umsetzung ganzheitlicher Unternehmerstrategien zu erkennen und in eine zielführende Richtung zu lenken.

Wenn Menschen wachsen, wächst der Kundennutzen und der Gewinn!

Ausgehend von der These, dass jeder Mensch ein einzigartiges Individuum ist, das spezifische unnachahmbare Talente und Fähigkeiten hat, folgt daraus eine einzigartige Chance mit dem Essenz-Modell. Nämlich über das Erkennen der eigenen Lebensaufgabe einen wesentlichen Beitrag zur Alleinstellung des Unternehmens zu schaffen.

Denn je mehr Menschen im Unternehmen ihre Lebensaufgabe entdecken und ihre versteckten Fähigkeiten entfalten und gemeinsam auf den Kundennutzen ausrichten, desto stärker und nachhaltiger wird der Erfolg im Markt. Unternehmen blühen auf, wenn Menschen aufblühen.

Es ist ein kybernetischer Automatismus, der aber nur in Gang gesetzt werden kann, wenn der Mensch im Unternehmen – und seine persönliche Entfaltung – wieder wirklich in den Mittelpunkt gestellt wird. Und genau das liefert das Essenz-Modell.

Wenn die Mitarbeiter und Führungskräfte dadurch einzigartige Problemlöser/Chancenentwickler und integre Persönlichkeiten sind, dann wird das Unternehmen durch sie hochattraktiv, die Anziehungskraft wächst, die Nachfrage steigt, neue Arbeitsplätze werden geschaffen, die einzigartige Problemlösung und Chancenentwicklungen rechtfertigen auch bessere Preise, das führt automatisch zu höheren Gewinnen und immer mehr Menschen kommen in den Genuss dieser Art von Unternehmensführung.

Umkehrung der Mc Kinsey-Formel: not client first, men second, sondern men first, client second, firm third! (These)

Versuchen wir, das Beste eines jeden Menschen zu erkennen, den anderen im bestmöglichen Licht zu sehen. Diese Einstellung erzeugt sofort ein Gefühl der Nähe, eine Art Geneigtheit, eine Verbindung.

~ Dalai Lama

KAPITEL NEUN

DIE LEBENSAUFGABE

9

Für die meisten Menschen ist der Begriff „Lebensaufgabe“ ein Synonym für Berufung, Traumjob oder eine Erfüllung durch die Arbeit. „Ich habe in meinem Job als Altenpfleger meine Lebensaufgabe gefunden.“ Doch das ist meiner Meinung nach das Pferd von hinten aufgezäumt. Andere wiederum verbinden mit dem Wort Lebensaufgabe eher polemisch altruistische Tätigkeiten und brotlose Kunst. Natürlich kann sich meine Lebensaufgabe durch meine Arbeit ausdrücken und durch sie ein Vehikel erhalten, durch das meine Lebensaufgabe erfüllt wird. Es ist aber nicht Dasselbe. Die Lebensaufgabe ist viel umfänglicher, als es ein Job je sein kann. Und sie ist niemals Mittel zu einem persönlichen Zweck wie Geldverdienen, Anerkennung oder Karriere.

Die Lebensaufgabe ist der Grund, warum sich unsere Seele entschieden hat, in dieses Leben in dieser Welt zu inkarnieren. Jede Seele hat ihre einzigartige Lebensaufgabe, die sie individuell selbst gewählt hat. Der Lebensverlauf ist so darauf zugeschnitten, dass die Lebensaufgabe ideal erfüllt werden kann. Dies schließt Hochs und Tiefs, Krisen und schwierige Lebensumstände mit ein.

Die Lebensaufgabe der Seele kann, wie gesagt, mit einem Beruf in Verbindung stehen, muss dies aber nicht zwangsläufig. Oftmals ist es so, dass Situationen und Umstände außerhalb des Berufs zu den Erfahrungen, Erkenntnissen und Durchbrüchen führen, die die Erfüllung der Lebensaufgabe ausmachen. Bisher gab es für den Einzelnen keinen Kompass für die Lebensaufgabe, um diese ins Bewusstsein zu bringen und dadurch transparent zu machen.

Mit dem Essenz-Modell ist solch ein Instrument in die Welt gekommen. Durch das Verständnis der individuellen Überlebensmechanik und damit deren Klärung, sind wir in der Lage, das Hamsterrad zu verlassen und auf tieferen Ebenen zu entdecken und anzunehmen, wer wir wirklich sind. Dadurch ist das Feld bereitet, auf dem die Bewusstwerdung und Formulierung von Einzigartigkeit, Werten und Beitrag sprießen kann.

Die Lebensaufgabe ist also das Zusammenspiel dieser drei Aspekte unserer Seele in der Funktion des Was, Wie und Warum.

Die Lebensaufgabe formulieren

In der verbalen Form der Lebensaufgabe kommen unsere drei bereits bekannten Essenzen des Dreieicks der Erfüllung – Einzigartigkeit, Werte und Beitrag für die Welt – zusammen und gipfeln in einer Gesamtaussage, die mehr ist, als die Summe ihrer Teile.

FORMEL

WAS	Einzigartigkeit	„Ich bin der/die …"
WIE	Werte	„… mit …"
WARUM	Beitrag	„… damit …"

Lebensaufgabe = Einzigartigkeit + Werte + Beitrag

BEISPIELE

Ich bin der, der Unbewusstes bewusst macht,
mit Klarheit, Integrität und Lebensfreude,
damit Menschen ihre Lebensaufgabe
erkennen und innere Erfüllung erleben.

Ich bin ein göttlicher Funke, der Ideen manifestiert,
mit Ruhe, Intuition, Freiheit und Liebe, damit die Welt
entzündet ist, sich selbst zu erleben.

Ich bin der, der den Weg erhellt,
mit Klarheit, Leichtigkeit und Sorgfalt,
damit Grenzen verschoben werden und
Menschen einen Sinn erfahren.

Ich bin die, die neue Wege aufzeigt und begeht, mit Vertrauen und Verlässlichkeit, damit Menschen die Flügel bekommen, die sie für ihren Lebensweg brauchen.

Ich bin der, der die wahren Bedürfnisse der anderen erkennt, mit Loyalität, Verlässlichkeit und Vertrauen, damit ein gemeinsames, bereicherndes Erlebnis stattfinden kann.

Ich bin der, der mit Ideen Verbindungen entdeckt, mit Mut, Leidenschaft und Durchhaltevermögen, damit Menschen berührt und begeistert sind von der Schönheit der Welt.

Ich bin die Stimme, die der Liebe dient,
mit Herzkraft, Verbundenheit und
Improvisationsfreude, damit
Wahrheit möglich wird.

Ich bin der, der schwierige und komplexe Situationen transparent macht, mit Empathie, Klarheit und Perspektive, damit Menschen ein zufriedenes und erfülltes Leben führen können.

Ich kann gar nicht zu oft betonen, wie wichtig es ist, die eigene Lebensaufgabe immer und immer wieder laut zu sprechen. Das Sprechen der Lebensaufgabe verankert die Erkenntnis im Bewusstsein, konkretisiert sie, schärft sie. Das ist hilfreich, da das Wissen um unsere Lebensaufgabe sonst eine diffuse, halb-bewusste Abstraktion bleibt und in dieser Form nie die volle Entfaltung in unserem Leben erreichen wird.

Die Lebensaufgabe ist keine Affirmation

Auch wenn ich empfehle, die Lebensaufgabe immer wieder auszusprechen - sei es im Stillen oder anderen gegenüber - möchte ich klarstellen, dass es sich hierbei weder um eine Affirmation im Sinne der positiven Psychologie handelt, noch um eine Autosuggestion. Dies wird nämlich häufig verwechselt und damit falsch verstanden. Dieses Missverständnis hat dann zur Folge, dass wir glauben, uns unsere Lebensaufgabe einreden zu müssen, indem wir sie durch das Sprechen in unserem Verstand kreieren.

Ist das Ego noch nicht befriedet, kann es die Formulierung der Lebensaufgabe nutzen, sich selbst wieder größere Bedeutung zu verleihen, indem es (wie so häufig) die Faktenlage einfach umdreht. In diesem Fall fängt es an, die Lebensaufgabe zu sprechen, um sich selbst zu erhöhen. Dabei glaubt das Ego, die Lebensaufgabe würde umso manifester, je öfter sie als Affirmation gesprochen wird. Und selbst das wäre eine weitere Kulisse, hinter der die Ego-Identität versucht, solider und essenzieller zu werden. Wenn wir sodann bemerken, dass wir die Lebensaufgabe nutzen, um uns besser, größer, sicherer, glücklicher oder erhabener zu fühlen, dann ist es überaus wahrscheinlich, dass unser Ego übernommen hat.

Erinnern wir uns also, wie wir tatsächlich zur Formulierung unserer Lebensaufgabe kamen: sie kam als Offenbarung unserer

Seele in uns hervor. In Form unserer Einzigartigkeit, unserer Werte und unseres Beitrags für die Welt. Die Worte kommen nicht von außen zu uns, sie sind nichts Fremdes, das wir annehmen und zu unserem eigenen machen. Das Sprechen unserer Lebensaufgabe ist wie ein Spiegel, in dem sich unsere Seele selbst erkennt und sich daran ausrichtet. Die verbale Form der Lebensaufgabe ist gewissermaßen das Spiegelbild eines Gesichts unserer Seele. Und in dieser Reflexion erkennt sich die Seele und erinnert sich an ihre tiefere Aufgabe in diesem Leben. Je öfter wir in dieser Bewusstheit die Worte unserer Lebensaufgabe sprechen, desto heller durchdringt unsere Seele unseren Geist. Diese zunehmende Sättigung erleben wie als innere Klarheit und einem Gefühl transpersonaler Bestimmung.

Wenn die Seele singt, leuchtet die Welt

Machen wir uns noch einmal klar, was die Natur unserer Lebensaufgabe ist. Man könnte nun sagen, es ist der wahre Grund, warum wir jeder von uns hier ist – hier in diesem und als dieser Körper, als dieser Mensch. Jede Seele hat eine vorgeburtliche Vision dessen, was sie im kommenden Leben erfahren und in die Welt geben will. Sie tut dies als Ausdruck göttlicher Liebe, die sich selbst in ihrer Unendlichkeit in allen möglichen Facetten erkennen und erleben will.

In diesem Sinne ist die Lebensaufgabe die Umsetzung dieser Vision göttlicher Liebe in der irdischen Dimension. Die Worte, die wir finden, um unsere Lebensaufgabe zu formulieren, sind Repräsentanten dieser Liebe in einzigartiger Schwingung. Wir wissen, dass die Worte wahr sind, wenn diese Schwingung im Einklang mit der Vision unserer Seele ist. Dann resoniert nicht nur jede Faser unseres Körpers, auch der Raum um uns vibriert und Menschen um uns herum, die auf diesen Prozess eingestimmt sind, spüren diese Vibration, die wiederum in ihren Seelen Widerhall findet. Für einen Moment leuchtet die Welt. Und wir spüren die kosmische Bedeutung unser aller Hiersein.

Diese Vibration der Seele erleben wir als Gefühl der Erfüllung. Denn wir sind dabei, unsere Lebensaufgabe zu erfüllen. Es gibt keine tiefere Zufriedenheit, als zu wissen und zu spüren, dass ich gerade in der Wahrhaftigkeit meiner letztendlichen Bestimmung stehe, die alle persönlichen Belange transzendiert. Es ist wie ein Portal das sich strahlend öffnet und durch das ich wie damals in die Welt eintrete. Alles ist wie zuvor, alles sieht aus wie zuvor. Dieselben Menschen, dieselben Straßen, Bäume, Dinge. Und doch ist alles anders. Denn ich bin anders. Ich bin zum ersten Mal der, der ich sein wollte, als ich in dieses Leben kam. Jetzt bin ich der, als der ich gemeint bin. Ich habe den Kokon meiner persönlichen Ego-Identität hinter mir gelassen. Ich stehe da, mitten im Leben, als Agent des Lebens für das Leben und mir ist klar: ich habe keine Lebensaufgabe – ich bin meine Lebensaufgabe. Und als solche bin ich bereits die Erfüllung meiner selbst, sobald ich mich in dieser Wahrheit lebe.

Das ist die große Erkenntnis. Ich dachte, ich sei eine kleine, abgetrennte Person, die in einem großen, lebensbedrohlichen Universum ums Überleben kämpfen muss, dabei bin ich eine untrennbare Facette allen Lebens, ja der Schöpfung selbst, die sich durch mich in individueller Form und in jedem Moment einzigartig entfalten will.

Die vorgeburtliche Vision meines Lebens

Setze oder lege dich an einen Ort, an dem du für eine Weile still und entspannt sein kannst. Schließe die Augen und erlaube deinen Sinnen, die gerade noch überall in der Welt um dich herum unterwegs waren, nachhause zu kommen. Sie kehren zurück in dein inneres Hier. Du beginnst, deinen Körper bewusster wahrzunehmen und deine Aufmerksamkeit sinkt wie eine warme, weiche Wolke sanft auf dich nieder und dann in dich hinein.

Nun höre einmal die Geräusche, die um dich herum kommen und gehen. Lausche hinein in diese Welt und erlaube deinen Ohren, all das zu hören, was es da jetzt zu hören gibt, gleich so, als würdest du einem besonderen Musikstück lauschen, das du zum ersten Mal hörst. Egal ob es Vogelgezwitscher oder Straßenlärm ist: höre hinein ohne es zu benennen oder zu bewerten. Du nimmst lediglich unterschiedliche Schwingungen wahr, die zusammen eine akustische Landschaft formen. Lass diese Landschaft in ihrer Gesamtheit einfach vorbeifließen, ohne deine Aufmerksamkeit auf ein bestimmtes Geräusch zu fokussieren.

Du wirst feststellen: ob du es willst oder nicht, dein Verstand benennt automatisch das Gehörte in Form von Gedanken. Doch diese Gedanken sind auch nur Schwingungen in deiner Wahrnehmung – genau wie die Geräuschlandschaft, die du an dir vorbeifließen lässt. Und so lässt du nun die Gedanken, die auftauchen, ebenso kommen und gehen und fließen und sein. Sie sind Teil der Wahrnehmungswelt, die sich stetig in dir formt und verändert. Doch du bist jetzt einfach nur da, als Zeuge und Zuhörer, lässt einfach geschehen, was von allein geschieht, wie dein Atem, der ganz ohne dein Dazutun sanft in deine Lungen strömt und diese wieder verlässt.

Verweile bei deinem Atem und nimm bewusst wahr, wie die Luft hereinströmt und herausströmt. Wer atmet eigentlich? Atme ich oder beatmet mich das Leben? Lass diese Frage in deinen Atem einsinken und beobachte für ein paar Minuten entspannt und losgelöst, was passiert.

Stell dir nun vor, wie dein innerer Raum, in dem du alles in dieser Meditation bisher wahrgenommen hast, heller und heller wird. Schemenhaft kannst du fließende Formen erkennen. Sie scheinen aus warmem, weißem Licht zu bestehen und bewegen sich andächtig und geschmeidig durch den Raum, der keine Begrenzungen zu haben scheint. Manche dieser Lichtgestalten begegnen sich, verbinden sich und lösen sich dann wieder. Jetzt beginnst du zu ahnen, doch vielmehr noch erinnerst du dich, dass es sich bei diesen fließenden Lichtwesen um Seelen handelt, Seelen jenseits der irdischen Dimension. Dir wird bewusst, dass das Licht, aus dem der Raum und die Seelen zu bestehen scheinen, in Wirklichkeit pure Liebe ist.

Jetzt wechselt die Szene und du sieht eine der Seelen aus der Nähe. Sie hat eine Vision, die du wie eine Filmprojektion in einer Wolke aus Licht wahrnimmst. Und mit einem Mal ist dir klar, dass du dir selbst zuschaust, dass es deine Seele ist, die sich gerade auf ein neues Leben als Mensch vorbereitet. Deine Lebensaufgabe ist dir als Seele völlig bewusst – du hast sie dir ausgesucht. In der Vision der Seele, die du jetzt mitverfolgst, siehst du, wie du dir deine Eltern aussuchst, da sie genau die Eigenschaften haben, die dich bei der Reifung für die Erfüllung deiner Lebensaufgabe unterstützen werden. Dann siehst du, wie du geboren wirst, als Kind heranwächst, deine Urwunde und Überlebensstrategie entstehen und wie du als Erwachsener glaubst, einzig und allein das zu sein, was du als Urwunde und Überlebensstrategie erfunden hattest. In der Vision erkennst du aber auch, wie sehr dich dieses Selbstbild gefördert hat, deine Einzigartigkeit in der Welt auszudrücken.

Wow! Jetzt ergibt alles einen Sinn.

In dem Seelenraum beginnt nun das Licht zu pulsieren und zu tanzen. Ein Strudel aus Licht öffnet sich und deine Seele verschwindet darin. Dein Körper wird gleich in die Welt geboren. Und deine Seele ist auf dem Weg dorthin. Um dein Leben zu beginnen – als Du.

Verabschiede dich allmählich aus dem Raum und den anderen Seelen, die sich dort aufhalten. Es sind die Seelen der Menschen, denen du in deinem irdischen Leben schon begegnet bist und noch begegnen wirst.

Nimm jetzt wieder deinen Atem war und erlaube ihm, deine Erfahrung von eben mit jedem Kommen und Gehen fester in deinem Bewusstsein zu verankern. Atme noch dreimal tief durch, mache dir bewusst, an welchem Ort du dich befindest und öffne dann erst die Augen. Für diesen Augenblick.

In diesem Leben.

Unendlich ist das Werk,
das zu vollführen
die Seele dringt.

~ Johann Wolfgang von Goethe

KAPITEL ZEHN

DIE KOMFORTZONE

10

Es gibt ein Zentrum in deinem Dasein, um das dein gesamtes alltägliches Erleben rotiert und in dem alle deine Erfahrungen stattfinden. Das Zentrum deines individuellen Kosmos. Und dieses Zentrum ist deine Ich-Perspektive. Schau dich einmal mit offenen Augen um: um dich dreht sich die Welt. Deine Welt. Willkommen zuhause. Willkommen in deiner Komfortzone.

Es ist kein Zufall, dass es im Essenz-Modell ebenfalls ein Zentrum gibt, das als „Komfortzone" bezeichnet ist. Sie ist der Dreh- und Angelpunkt unserer Wahrnehmung der Welt und unseres Lebens; und verkörpert die Verbindung der irdischen mit den seelischen Anteilen unseres Menschseins im Alltag durch die Aspekte Überlebensstrategie und Werte.

Die Komfortzone ist unser sicherer Hafen auf einer Insel inmitten der Unwegbarkeiten und Ungewissheiten des Lebens. Hier fühlen wir uns sicher, vertraut und gewohnt. Sie ist der Normal-Modus unserer Existenz, das ruhige Gewässer, in dem alles erwartungsgemäß vor sich hinplätschert. Keine besonderen Herausforderungen, keine Abgründe oder Krisen. In der Komfortzone läuft unser Hamsterrad gut geölt vor sich hin – so gut, dass wir es überhaupt nicht bemerken.

Zu erkennen, dass wir uns in unserer Komfortzone aufhalten, ist gar nicht so leicht, da sie uns zum einen so sehr vertraut ist, zum anderen alle Prozesse und Abläufe unseres Fühlens, Denkens, Handelns und Seins unscheinbar und tief verwurzelt sind. Wäre unsere Komfortzone ein Schiff und würden wir den Kapitän um einen Statusbericht bitten, bekämen wir jedes Mal die Antwort: „Keine besonderen Vorkommnisse". Und in der Tat ist die Komfortzone so etwas wie das Traumschiff unseres Bewusstseins, denn hinsichtlich Wachstum, Selbsterkenntnis und Transformation herrscht hier Trance und Urlaubsstimmung.

In der Komfortzone haben wir das Gefühl, die Kontrolle über unser Leben und dessen Entwicklung und Richtung zu haben. Sorgen und Ängste sind auf ein Minimum reduziert, der empfundene Pegel von Mangel und Verletzlichkeit ist niedrig, während wir glauben, dass wir ausreichend versorgt sind mit Liebe, Nahrung, Talent, Anerkennung und Zeit. Aufgrund genau dieser genügsamen Selbstwahrnehmung fällt es uns so schwer, aus dieser Zone herauszutreten, um neue Ergründungen und Erfahrungen zu unternehmen. Aber warum auch sollte ich meine Komfortzone verlassen? Ist doch toll hier! – Wirklich?

Die Komfortzone ist gleichbedeutend mit einer Konservierung und Verfestigung unserer Konditionierungen. Da sie unsere Bewusstheit nicht fordert, fördert sie unsere Unbewusstheit.

Das heißt, je weniger wir unsere Gewohnheiten und unseren Glauben über die Welt, unser Leben und uns selbst in Frage stellen, desto tiefer begeben wir uns in die Trance dieses Lala-Landes. Um es klar zu stellen: die Komfortzone ist nichts Schlechtes - sie ist ein Aspekt unserer Existenz in der Welt. Doch wie bei allen anderen Facetten unseres Lebens, die wir hier besprochen haben, geht es darum, dass wir bewusst erkennen, ob und wann wir uns in unserer Komfortzone befinden und welche Geschichte wir uns darüber erzählen.

Wenn wir uns bewusst in der Komfortzone aufhalten, können wir sie genauso bewusst verlassen. Das ist der Schlüssel. Darauf kommt es letztendlich an. Und interessanterweise kommt der Impuls zum Verlassen der Komfortzone nahezu von selbst, sobald wir uns bewusst werden, dass wir uns auf der Suche nach Sicherheit in der Komfortzone vor dem Leben und seiner - unserer - Entwicklung verstecken.

Die Pfeiler der Sicherheit

Die Luft, die wir in der Komfortzone atmen, ist durchtränkt von zwei Duftnoten, die uns Sicherheit, Zugehörigkeit und Orientierung geben: unsere Überlebensstrategie und die kulturellen Werte des Gesellschaftssystems, in dem wir leben.

Jeder Bereich unseres Lebens ist hier Spiegel unserer Überlebensstrategie: Beruf, Partnerschaft, Freundschaften, Familie. Wenn unsere Überlebensstrategie zum Beispiel ist, dass wir glauben, groß und stark sein zu müssen, dann üben wir unseren Beruf aus, in dem wir versuchen zu beherrschen, zu dominieren und uns durchzusetzen. Bei der Partnersuche werden wir die Rolle des Großen und Starken spielen und selbst in unseren Freundschaften sind wir der Überzeugung, dass wir uns kämpferisch beweisen müssen, um Anerkennung und Wertschätzung zu bekommen. Dieses Leitprinzip der Überlebensstrategie zieht sich wie ein roter Faden durch jede Komfortzone, das bedeutet, durch jedes der Unbewusstheit überlassene Menschenleben. Wenn du bereits erkannt hast, was deine Überlebensstrategie ist, kannst du relativ schnell sehen, wie beinahe jede Facette deines Alltagslebens in Bezug zu deiner Überlebensstrategie steht. Sie ist der von dir akzeptierte Motivator für alle Bewegungen deines Lebens. Und das wiederum ist so, weil sie in ihrer Funktion in sich selbst erfolgreich ist. Unbewusst glauben wir, dass unsere Überlebensstrategie für die positiven Resultate in unserem Leben verantwortlich ist.

Ein Leben in der Komfortzone hat eine Gegenwart, eine Vergangenheit und eine Zukunft. Meine Vergangenheit sagt mir, für wen ich mich halte aus der Überlebensmechanik heraus. Und ich bin den ganzen Tag damit beschäftigt, eine bessere Zukunft für mich zu modellieren, damit ich noch mehr diese Überlebensstrategie perfektioniere. Dazwischen irgendwo findet die Gegenwart statt. Aber dafür habe ich eigentlich keine Zeit, weil ich die Vergangenheit auswerten und die Zukunft vorhersagen muss. Damit meine Bedürfnisse erfüllt werden und ich in der Welt so gut wie möglich überlebe. Wenn etwas gut läuft, gibt das meiner Strategie recht. Wenn es schlecht läuft, habe ich mich nicht genug angestrengt.

Das ist alles Ego. Wenn wir uns in der Komfortzone einrichten, geben wir das Steuer ab und schalten auf Autopilot. Und der Pilot ist unser Ego. Aus diesem Grund riecht hier vieles schnell nach Anstrengung, Kontrolle und Ichbezogenheit. Und so dienen unsere Handlungen und Aktivitäten in der Komfortzone nicht zuletzt als Nahrung und Verstärkung unseres Egos. Dafür bekommen wir das Gefühl, zu funktionieren, in Sicherheit zu sein und auf eine planbare Gegenwart zuzusteuern.

Vergessen wir unsere Lebensaufgabe, wissen wir sie noch nicht oder nehmen sie nicht an, wird schnell offensichtlich, wie fundamental uns ein ausschließliches Leben in der Komfortzone von unserem Seelenauftrag abschneidet. Um den Unterschied noch einmal zu verdeutlichen, nachfolgend eine Gegenüberstellung der inneren Haltungen und Erfahrung des alltäglichen Lebens zwischen Überlebensmechanik und Lebensaufgabe.

VERGLEICH

Quadrat des Überlebens	vs. Dreieck der Erfüllung
Grundannahme	
Ich bin allein	Ich bin all-eins
Ich muss	Ich bin
Energetische Ausrichtung	
Ich brauche	Ich habe/gebe
Primäre Wirkkraft	
Überlebensstrategie	Einzigartigkeit
Primärer Motivator	
Belohnung	Beitrag für die Welt
Ruhefaktor	
Kontrolle	Vertrauen
Orientierung	
Gelernte/kulturelle Werte	Eigene/wahre Werte

Während die Überlebensstrategie unsere Aktionen und Interkationen bestimmt, gibt es eine zweite Größe, die den Kontext – unseren Erfahrungsraum – definiert: Werte. Sie geben unserem Leben in der Komfortzone Orientierung und unserem Handeln Rechtfertigung.

Sofern unsere wahren Werte noch nicht von uns entdeckt, gewürdigt und im Bewusstsein verankert wurden, sind es vor allem kulturelle, kollektive, gelernte Werte (also nicht unsere seelischen), an denen wir unser Leben ausrichten. Im Verlauf unserer Kindheit und Jugend werden wir bombardiert mit diesen Werten, durch unsere Eltern und Großeltern, Lehrer, Idole, Filme, Erzählungen und Geschichten. Viele kulturelle Redensarten und Weisheiten des Volksmundes transportieren kollektive Werte, die wir auf unserem frühen Lebensweg aufschnappen und in unser Weltbild integrieren.

Sprachbilder in Form von Sprichwörtern und Redensarten können wir für nahezu alle Lebenslagen finden, und fast immer werden sie beim Sprechen unbewusst als Ausdruck einer Wertvorstellung eingesetzt. Sie prägen daher unsere alltägliche Kommunikation und spiegeln wider, wie wir die Welt und unser Leben aus unserer Komfortzone heraus sehen.

Im kollektiven Zusammenhang einer Gesellschaft bestätigen sich die einzelnen Individuen durch die Nutzung von Redensarten gegenseitig die gemeinschaftlichen Werte. Der Effekt ist das Gefühl von Sicherheit und Zugehörigkeit.

BEISPIELE

Sprichwörter und deren Wertentsprechung

Sprichwort	Wert
„Wer rastet, der rostet"	Fleiß
„Wer zu spät kommt, den bestraft das Leben"	Entschlossenheit
„Eine Schwalbe macht noch keinen Sommer"	Besonnenheit
„Morgenstund hat Gold im Mund"	Disziplin
„Der frühe Vogel fängt den Wurm"	Ehrgeiz
„Lieber den Spatz in der Hand, als die Taube auf dem Dach"	Genügsamkeit
„Mit Kanonen auf Spatzen schießen"	Vernunft
„Die Kirche im Dorf lassen"	Redlichkeit
„Vertrauen ist gut, Kontrolle ist besser"	Misstrauen
„Geld stinkt nicht"	Eigennutz
„Eigenlob stinkt"	Bescheidenheit
„Wer anderen eine Grube gräbt, der fällt selbst hinein"	Redlichkeit
„Schuster, bleib bei deinem Leisten"	Zurückhaltung
„Wer im Glashaus sitzt, soll nicht mit Steinen werfen"	Besonnenheit
„Noch ist nicht aller Tage Abend"	Zuversicht

„Was du heute kannst besorgen, das verschiebe nicht auf morgen“	Selbstdisziplin
„Hochmut kommt vor dem Fall“	Bescheidenheit
„Ohne Fleiß kein Preis“	Fleiß

Und dann kennen wir natürlich gesellschaftlich akzeptierte Redensarten wie „Zeit ist Geld“ oder „Wer sich auf andere verlässt, der ist verlassen“, die auf subtile Weise unsere Überlebensmechanik bedienen, indem sie uns vermitteln, dass wir getrennte Wesen in einer unbarmherzigen, schnellen Welt sind, die wir besser kontrollieren, bevor sie uns überrollt. Bei den konditionierten Werten und Glaubenssätzen geht es für uns also nicht darum, ob sie letztendlich wahr sind, sondern darum, ob wir sie glauben und in unsere Identität – und damit Realität – integrieren.

Nach der Erarbeitung des eigenen Essenz-Modells ändert sich der Werteaspekt in der Komfortzone radikal. Mit der Realisierung unserer Lebensaufgabe löst sich unser Bewusstsein automatisch aus der Anhaftung an konditionierte Werte. In diesem Reifeprozess findet eine Art Befreiung aus der kollektiven Trance statt, eine Emanzipation der Seele in der Autorität ihrer eigenen, wahren Werte. Und diese wirken ab dieser Stufe nicht mehr wie zuvor als limitierende Glaubenssätze, sondern vielmehr als flexibler, spontaner Kompass in besonderen Lebenssituationen. Die Seele führt sich selbst aus sich selbst heraus. Die Grenzen der Komfortzone lösen sich mehr und mehr auf, je weniger wir in Widerstand sind gegen die Umstände, Erfahrungen und Entwicklungschancen, die außerhalb des Wohlfühlgürtels unserer Ego-Identität liegen.

Mit der vollen Akzeptanz und bewussten Integration aller Essenzen unseres Daseins - von der Urwunde bis zum Beitrag für die Welt - ist das gesamte Potenzial unseres Lebens die Komfortzone.

Das Drama der Werte-Kollision

Letztendlich vermischen sich in der Komfortzone die Einflüsse des Quadrats des Überlebens mit denen des Dreiecks der Erfüllung. So passiert es, dass die kulturellen Werte mit den eigenen, wahren Werten kollidieren und in Konflikt geraten können, wenn sie im Widerspruch zu einander stehen. Das Konfliktpotenzial ist dabei umso größer, je höher der Stellenwert der konkurrierenden Werte im eigenen Wertesystem ist. Derartige Zwiespalte erleben wir als innere Dramen, die seit jeher den Stoff für Romane, Theaterstücke und Filme liefern.

Ein gutes und hinreichend bekanntes Beispiel für einen solchen inneren Kampf der Werte ist die Tragödie von Romeo und Julia: zwei Kinder verfeindeter Familien verlieben sich unsterblich ineinander. Der kulturelle Wert ist hier Loyalität, und zwar die Loyalität zur eigenen Familie und deren Feindschaft mit der anderen Familie. Diesem Wert diametral entgegengesetzt ist die Liebe und tiefe Verbundenheit der beiden Teenager zueinander als seelischer Wert. In der Geschichte von Romeo und Julia wird ebenfalls sehr anschaulich, wie der innere Konflikt äußere Form annimmt und sich in Verzweiflung, Verheimlichungen und in seiner Maximalausprägung im Selbstmord der Liebenden ausdrückt.

Überhaupt nicht fiktiv ist dagegen der innere Wertekonflikt, den viele homosexuelle Menschen erfahren. Freddie Mercury, einer der bedeutendsten Musiker und Rocksänger der 1970er und 1980er Jahre und Leadsänger der britischen Band Queen, war ein gutes Beispiel dafür. Auf der einen Seite standen die kulturellen Werte seiner aus Indien stammenden Eltern und deren zoroastrischem Glauben, in dem Homosexualität eine schwere Sünde ist sowie ein großer Anteil seiner Fans, deren konservative Werte einen schwulen Frontman ablehnten. Auf der seelischen Seite gab es den starken Wunsch in ihm, so sein zu können, wie er ist, ohne sich anpassen zu müssen. Dieser Konflikt fand auf lyrische Weise besonderen Ausdruck durch den im Jahr 1975 erschienenen Queen-Song „Bohemian Rhapsody".

Die Komfortzone verlassen – oder erweitern?

In der Alltagspsychologie ist der Begriff und Zustand der „Komfortzone" oft verbunden mit dem Aufruf, diese zu verlassen. Die Komfortzone wird im Volksmund als ein Umstand bewertet, der eher negativ ist und erweitert werden sollte. Wenn sich jemand in seiner Komfortzone befindet, gilt er schnell als faul, träge, nicht belastbar und langweilig. Doch das ist eine Bewertung, eine Interpretation. Getroffen von einem Hamster, der in seinem Rad rennt über einen anderen Hamster, der gemütlich spazieren geht. Oder die eines Hamsters, der sich dafür verurteilt, selbst nicht schnell genug zu laufen. Im zweiten Fall kann das Resultat in eine Depression oder gar einen Burnout münden.

Wie wäre es denn, wenn wir die Komfortzone als einen positiven Platz der Entspannung und des bewussten Innehaltens deklarieren würden, anstatt sie zu verdammen?

In der Natur finden wir überall das Prinzip des Weichen und Fließenden und das des geringsten Widerstands. Letztendlich streben alle Bewegungen der Natur immer einen Ausgleich an.

Wie zum Beispiel bei unserer Atmung als neutrale Ruhephase zwischen zwei Amplituden. Am Ende des Einatmens folgt ein Ruheplateau, eine Pause, bevor die Ausatmung einsetzt. Dieselbe Ruhephase begegnet uns wieder nach dem Ausatmen, bevor der nächste Atemzyklus beginnt. Oder denken wir an das Flugverhalten vieler Vögel. Nach einer Phase des Flügelschlags folgt eine Phase des Segelns. Und dann gibt es eine fließende Form des Schwingens zwischen Zuständen, wie wir sie als Dämmerung zwischen Tag und Nacht, Jahreszeiten, Strömungen in Gewässern und sogar als Lebenszyklus eines jeden Wesens vorfinden.

Wenn wir beginnen, die Komfortzone mit diesem Verständnis von Natur zu sehen, entpuppt sie sich als Ruhepotenzial zwischen zwei gegensätzlichen Dimensionen. Je nach Betrachtung kann sie zum einen Dämmerungsphase auf dem Weg der Bewusstwerdung vom Quadrat des Überlebens zum Dreieck der Erfüllung, zum anderen ein Ruhepol in der Dynamik des Zusammenspiels aller sieben Essenzen des menschlichen Daseins sein, zwischen denen unser Erleben von Leben permanent hin und her pendelt. Die Komfortzone wirkt dabei als Gravitationszentrum, als Auge des Sturms, in dem relative Stille herrscht. Und das verleiht ihr das Potenzial einer Meditationszone, wenn wir Bewusstheit hereinbringen und die Atmosphäre von Gewohnheit, Vertrautheit und Normalität nutzen, um noch mehr loszulassen und die Grenzen aufzulösen.

In diesem Sinne schlage ich vor, die Komfortzone nicht zu verlassen, sondern sie im Gegenteil so weit auszudehnen, bis wir alle Aspekte unseres Daseins - auch alles Neue und Ungewisse - mit Offenheit, Leichtigkeit und Wohlbefinden erfahren. In liebender Güte uns selbst und allem Leben gegenüber.

Das Drei-Zonen-Modell im Essenz-Modell

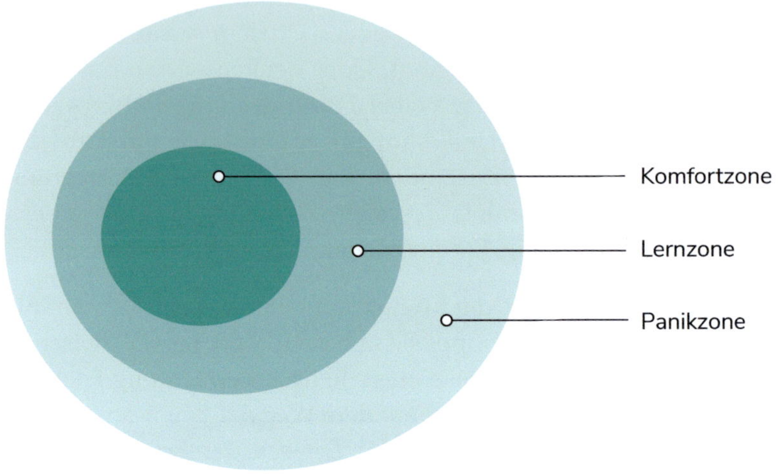

Im Zusammenhang mit dem Konzept der Komfortzone gibt es ein Modell, das als Drei-Zonen- bzw. Drei-Sektoren-Modell bekannt geworden ist und von dem russischen Psychologen Lev Vygotsky (1896 - 1934) entwickelt wurde.

Dieses Modell unterteilt das menschliche Erleben in drei Zonen, von denen die erste, zentrale, die Komfortzone ist. Die zweite Zone ist die sogenannte Lernzone, die dritte die Panikzone. Nach dieser Anschauung entwickeln wir uns als Menschen nur in der Lernzone weiter, da die Anforderungen in der Komfortzone zu gering und in der Panikzone zu groß sind - immer bezogen auf unsere individuellen Möglichkeiten oder Kapazitäten zu einem bestimmten Zeitpunkt.

Der Grund für die Vorstellung dieses Drei-Zonen-Modells an dieser Stelle ist, dass ich nun eine weitere Perspektive auf die Komfortzone untersuchen möchte und in der Folge unsere

Möglichkeiten, im Essenz-Modell damit zu arbeiten. Legt man das Drei-Zonen-Modell als Overlay über das Essenz-Modell, werden neue Zusammenhänge sichtbar, die sich vorher so noch nicht gezeigt haben.

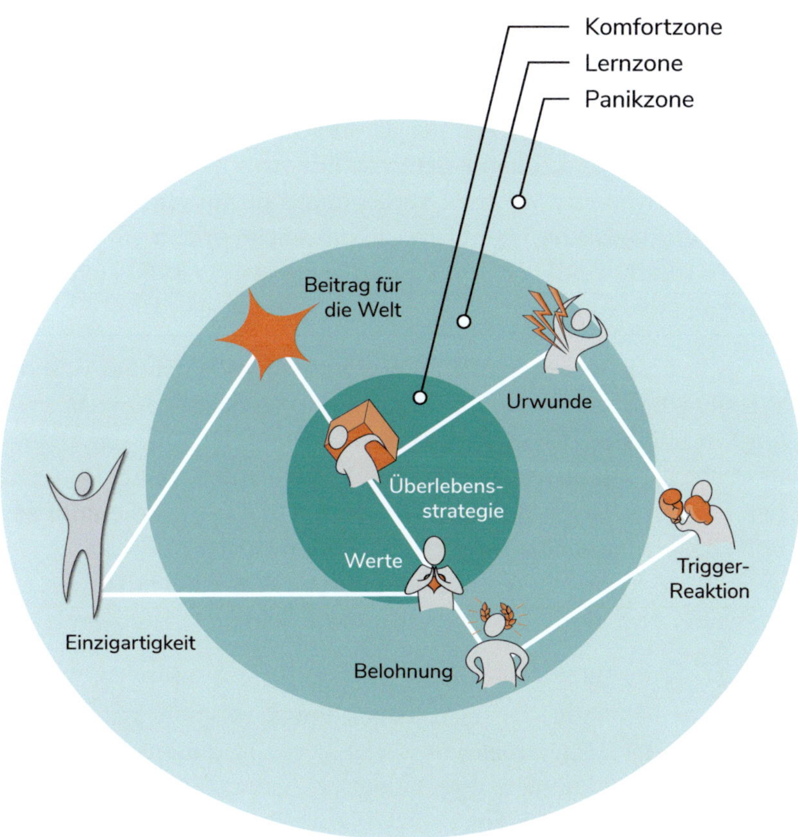

Überlebensstrategie und Werte befinden sich in der Komfortzone und bieten nach dem Konzept des Drei-Zonen-Modells zu wenig Reibungspotenzial, um uns hinter dem Ofen vor zu locken und unser Selbstbild zu hinterfragen. Und wie wir gesehen haben, sind es genau diese beiden Aspekte, die uns auf subtile Weise in Gewohnheiten, soziale Gefüge und einen sicheren Lebensraum einbetten. Wir sind also quasi als Beobachter zu nah an unserem Standardmodus, um ihn zu betrachten, so lange wir uns in ihm befinden und nichts anderes kennen, zu dem wir diesen in Bezug setzen könnten. Mit anderen Worten: aus der Komfortzone lässt sich die Komfortzone nicht als solche erkennen. Wenn ich mich in der Mitte einer Insel befinde, ist meine Erfahrung nicht Insel, sondern Land, da ich keine Referenz zu etwas anderem als Land habe. Erst, wenn ich die Insel verlasse und sie aus einer gewissen Entfernung betrachte, kann ich sie als solche erkennen und erfahren. Dann schaue ich zurück und stelle fest: „Ah! So sieht das also von hier aus".

So, wie die Komfortzone zu nah zu sich selbst ist, um unsere Selbstergründung zu stimulieren, ist die Panikzone zu weit entfernt. Nach dem Drei-Zonen-Modell liegt auf der Seite der Überlebensmechanik die Triggerreaktion in der Panikzone, im Dreieck der Erfüllung ist es die Einzigartigkeit. Für innere Erkenntnisse und die bewusste Durchdringung eigener Muster und Glaubensgebilde, ist es notwendig, dass wir offen, achtsam und mit unserem gesamten Sein verfügbar sind – unsere reflektive Präsenz im Hier und Jetzt.

In der Panikzone herrscht jedoch Panik, wie wir bei der Betrachtung der Triggerreaktion weiter vorne in diesem Buch sehr deutlich sehen konnten. Psychologisch bedeutet dies, dass wir so schnell wie möglich aus dem verletzenden Hier und Jetzt entfliehen wollen. Und das ist das Gegenteil dessen, was wir für unsere Bewusstwerdung brauchen. Die Trigger-Reaktion zu untersuchen bedeutet Entwaffnung, da wir unsere Abwehrmechanismen bloßstellen. Somit sind wir gefühlt schutzlos, was wiederum eine Panikreaktion auslösen kann.

Aus der Perspektive der Überlebensstrategie ist die Idee einer Einzigartigkeit als integrale Essenz unseres Seins irrelevant oder, wenn sie entdeckt wird, erschreckend. Panik entsteht dadurch, dass die Überlebensstrategie die Einzigartigkeit als Konkurrenzstrategie erlebt. Und damit sofort interpretiert, dass alle Glaubensmuster in Frage gestellt werden müssen. Dies kann uns Angst machen, vor allen Dingen dann, wenn uns dämmert, dass wir keine Einzigartigkeit haben, sondern Einzigartigkeit sind - das Göttliche in Form. Das kann einem Ego leicht den Boden unter den Füßen wegziehen, wenn es nicht behutsam an dieses Thema herangeführt wird.

Um bei unserer Analogie der Insel zu bleiben, ist der Bereich der Panikzone ein Sprung ins kalte, tiefe Meer, ohne schwimmen zu können. Die Lernzone ist dann vergleichbar mit einer Flachwasserzone, die stehtief ist. Das finden wir aber nur heraus, indem wir hineingehen. In die Lernzone zu kommen, erfordert demnach eine gewisse Grenzüberschreitung, ohne jedoch zu überfordern und eine Panikreaktion auszulösen. Eine Herausforderung, die groß genug ist, um unsere Präsenz im Hier und Jetzt zu aktivieren und auch Grenzen zu erleben. Gleichzeitig jedoch überschaubar genug, damit wir uns sicher und handlungsfähig wahrnehmen.

Das Overlay des Drei-Zonen-Modells zeigt, dass sowohl der Beitrag für die Welt, als auch Urwunde und Belohnung zu den Aspekten des Essenz-Modells gehören, die sich in der Lernzone befinden, sprich ideale Einstiegspunkte zur Selbstergründung mit dem Essenz-Modell darstellen.

Passenderweise beginnen unsere Workshops und Coachings mit der Urwunde, so wie auch dieses Buch. In Business Coachings starte ich gern mit der Frage „Wo will meine Seele hin?“, was die Teilnehmer zu einem direkten Einstieg über das Thema „Beitrag für die Welt“ führt.

Fazit: Mit dem Drei-Zonen-Modell als Overlay bekommen wir ein zusätzliches Werkzeug, um unser Essenz-Land zu navigieren, zu sehen, wo wir in unserem individuellen Prozess stehen und zu bestimmen, welchem Aspekt wir am sinnvollsten jetzt unsere Bewusstheit und Aufmerksamkeit widmen, um ihn zu ergründen. Wir starten also in der Komfortzone, auf unserer Insel, und schauen, wie weit wir uns hinauswagen.

In die Weite und zu neuen Ufern – unseres Selbst.

KAPITEL ELF

REKAPITULATION

11

Man könnte meinen, wir seien nun am Ende einer Rundreise angelangt. Und ein bisschen ist es auch so. In der Einleitung hatte ich geschrieben, dass das Essenz-Modell wie eine Landkarte unseres Daseins ist, die es uns erlaubt, uns selbst zu ergründen und unser Leben zu erforschen. Im Verlauf dieses Buches sind wir weit zusammen gereist, durch unser eigenes Land: von archaischen, rigiden, irdischen Formen des alltäglichen Überlebens, bis in das Reich der Seele, des Feinstofflichen und Formlosen.

In der Erkenntnis der Lebensaufgabe schließt sich ein Kreis, der Kreislauf des Vergessens und Erinnerns unseres Seelenauftrags, dem Sinn unseres Lebens, dieses Lebens als dieser Mensch, der wir heute sind. Die aufrichtige, nach innen gerichtete Suche nach der Quelle von wahrer Erfüllung bringt uns in Kontakt mit unserer Einzigartigkeit, die ein Hinweis auf das Göttliche in uns ist. Wir finden heraus, dass es ein tieferes Selbst in uns gibt, das authentischer und intimer ist, als unsere aus Gedanken konstruierte Ego-Identität. In diesem tieferen Selbst liegen funkelnd, wie Juwelen auf dem Grund eines Brunnens, drei Qualitäten unserer Seele, die wir nacheinander entdecken und bergen können.

Unsere Einzigartigkeit ist eins dieser Juwelen. In ihr drückt sich das unendliche Potenzial des Göttlichen durch uns als Mensch aus. Sie ist unser einmaliges Instrument, das wir im Orchester des Lebens spielen. Für die Welt. Für das Universum. Und wir stellen fest, dass es da in Wahrheit niemanden gibt, der eine Einzigartigkeit besitzt, sondern wir die Einzigartigkeit selbst sind: den Spieler des Instruments gibt es nicht. Es gibt nur das Instrument und das spielt sich selbst.

Sprache ist dualistisch aufgebaut, daher ist es schwierig, etwas in Worten auszudrücken, das eins mit sich selbst ist. Unsere Einzigartigkeit ist eher ein Verb, als ein Substantiv. Es wäre also wahrer zu sagen „wir einzigartigen", und das Wir ist die Totalität aller Existenz, erlebt in und durch jede individuelle Form des Lebens. Praktisch gesehen ist die Einzigartigkeit unsere höchste Gabe, die so vertraut (und daher so banal) erscheinen kann, dass sie uns anfänglich nicht gewahr wird. Diese Gabe ist eine Gabe an die Welt, an das Leben selbst. Sie will in sich nichts, außer zu sein – als Beitrag für die Welt. Denn im Spiegel absoluten Bewusstseins sind wir die Gabe, das Geben und die Welt, die Gegebenheit, was gleichbedeutend ist mit „dem was gegeben wurde".

Die Werte unserer Seele, das zweite Juwel, zeigt uns die Art und Weise, die Färbung oder Tönung, mit der wir unsere

Einzigartigkeit als Beitrag in die Welt bringen. Diese Werte unterscheiden sich deutlich von kollektiven, konditionierten Werten einer Gesellschaft und Kultur, da sie in keinem Dienst stehen, nichts regeln oder herbeiführen wollen. Die Werte beschreiben, wie unser Instrument ertönt, welche Nuancen unserer kosmischen Schwingung Betonung finden, in welchem Duktus unser Wirken in der Welt erklingt. Als Individuum geben sie uns Orientierung im Umgang mit unserer Einzigartigkeit. Sie zeigen uns, welche Art und Weise des Ausdrucks unserer Natur entspricht, wann wir authentisch sind und mühelos. Und damit auch, wie wir dauerhafte Erfüllung erlangen.

Die Einzigartigkeit sagt uns, als was wir hier sind, der Beitrag für die Welt beantwortet das Warum. Wenn wir uns als Facette eines einzigen universalen Wesens verstehen können, als einer von unendlich vielen Ausdrücken des Gesichts Gottes, dann fließt unser Beitrag für die Welt in Einklang und Liebe mit allem: allen Menschen, Tieren, Pflanzen, Rohstoffen, Mineralien und sogenannter „lebloser“ Materie. Das ist wahrhaftige Erfüllung.

Dein Beitrag für die Welt ist der ursprüngliche Sinn deines Hierseins. Er ist das Tiefste und Höchste, das du geben kannst, die Hymne, die deine Seele singen lässt. Jeder Beitrag eines jeden Lebewesens kommt nicht nur einzelnen Menschen, sondern der ganzen Menschheit und sogar dem Leben in seiner Gesamtheit zugute. Wir Menschen scheinen eine besondere Rolle in diesem Strom der ewigen Entfaltung zu haben: wir repräsentieren selbstreflektierendes Bewusstseins, das in der Lage ist, die eigenen Prozesse zu erkennen und so in Echtzeit zu wissen, was von unserer individuellen Funktion in der Welt gebraucht wird. Dieses Geschenk und diese Verantwortung anzunehmen, bringt spontane Glückseligkeit in unser persönliches Erleben und Heilung in die Welt.

Heilung ist heilig.
Und was heil ist, ist ganz.
Ganzheit ist Einheit.
Unsere Quelle ist Liebe.
Diese Liebe bringt Glück.

Dr. Lüder M., 52 Jahre, Erfinder

Was ist das Essenz-Modell für mich?

Das Essenz-Modell ist für mich ein einzigartiger Extrakt psychologischer Mechanismen der Lebensgestaltung. Es ist einfach und anschaulich und deshalb besonders effektiv in der Anwendung.

Was hat es mir gezeigt, was habe ich über mich erfahren?

Mir hat es deutlich gemacht, weshalb ich mein großes Spektrum an Talenten bislang nicht wirkungsvoll, und vor allem nicht so einsetzen konnte, dass ich persönliche Befriedigung daraus ziehen konnte. Durch die bewusste Formulierung meiner Lebensaufgabe habe ich Orientierung und Selbstsicherheit gewonnen.

Wie hat es mir geholfen mein Leben erfolgreicher zu gestalten?

Das Essenz-Modell hat mir geholfen, Verletzungen aus der Vergangenheit zu erkennen und die fortwährende Reaktion darauf mit einer positiv formulierten Lebensaufgabe zu ersetzen. Das resultierende Selbstvertrauen hat mich dazu bewegt, den lang gehegten Wunsch nach Selbstständigkeit umzusetzen.

Was hat das Wissen um meine Lebensaufgabe konkret verändert?

Meine Lebensaufgabe ist mir zu einer Art Betriebssystem geworden. Alle Entscheidungen, die ich überlege, kann ich an der Lebensaufgabe messen und überprüfen. Das Wissen um meine Lebensaufgabe hilft mir, Angebote abzulehnen, die nicht zu meiner Lebensaufgabe passen. So kann ich mein persönliches Umfeld sehr gut steuern. Im Ergebnis bin ich mit mir und meiner Lebenssituation viel zufriedener.

Die drängendste und wichtigste Frage des Lebens ist: „Was können wir für andere tun?“

~ Martin Luther King

TEIL DREI

LEBEN MIT DEM ESSENZ-MODELL

III

Es ist eine Sache, die tiefere Wahrheit unseres Seins mit dem Essenz-Modell zu ergründen, eine ganz andere, die gewonnenen Erkenntnisse zu leben. Da die Ausrichtung unseres Lebenswegs bisher auf das Erreichen von Resultaten genormt war, gehen wir unbewusst davon aus, dass mit der Offenbarung unserer Essenzen das gelobte Land erreicht ist und ab nun nur noch Milch und Honig fließen.

Unsere Lebensaufgabe zu kennen ist wundervoll und mag initial auch schon einen gewissen Effekt auf unser Lebensgefühl und unsere Wahrnehmung der Welt haben. Die Urwunde und Überlebensstrategie im Licht der Wahrheit gesehen zu haben, ist ein riesiger Schritt in ein selbstverantwortliches Leben. Jede Erkenntnis hinterlässt einen Eindruck im Bewusstsein und, je nachdem wie fundamental unser Erkennen ist, wie tief es wirklich an die Wurzeln geht, desto radikaler kann sich unser Leben ziemlich plötzlich ändern.

Gerade wenn wir einschneidende, augenöffnende Momente der Klarheit und Weisheit erlebt haben, neigen wir als Menschen dazu, diese im Nachhinein zu romantisieren. Dann schwelgen wir in der Erinnerung dieses besonderen Augenblicks und leben damit in der Vergangenheit, anstatt zu schauen, was unsere Erkenntnis im Hier und Jetzt bedeutet. Oder umgekehrt: was dieser Moment von uns mit unserer Erkenntnis von uns braucht.

Wenn wir das Essenz-Modell für uns selbst ernsthaft und mit Hingabe erarbeitet haben, dann haben wir die sieben Essenzen unseres Seins zu Tage gefördert und ein Rundum-Panorama unseres Lebens - und damit jedes Lebens - in dieser Welt erblickt. Wir haben das Prinzip der Überlebensmechanik durchdrungen und eine Dimension betreten, die jenseits von Ego, Körper und Form ist. Wir haben unsere tiefste Quelle entdeckt und wurden uns gewahr, dass es die Quelle von allem ist, die wir mit allem teilen.

KAPITEL ZWÖLF

DIE INTEGRATION ALLER SIEBEN ESSENZEN

12

Das Absolvieren von Entdecken, Erforschen und Verstehen deiner Essenzen ist nicht das Ende der Transformation deines Lebens zu wahrer Erfüllung: es ist der Anfang. Dein Bewusstsein ist nun bereit, das neue Wissen (das für deinen Verstand neu erscheint, aber immer schon in dir war) in jeder Faser deines Seins zu verankern. Der Weg nach der Erkenntnis ist der Weg der Integration. Und dieser Prozess ist gleichermaßen ein Tun und ein Nicht-Tun.

Die sieben Essenzen unseres Daseins sind: Urwunde, Überlebensstrategie, Belohnung, Trigger-Reaktion, Einzigartigkeit, Werte und der Beitrag für die Welt. Sie haben alle ihre Berechtigung, ihren Zweck und ihre Funktion in unserem Leben. Daher ist es wichtig, sich gleich jetzt von der Annahme zu lösen, dass es gute und schlechte Essenzen gibt. Fakt ist: sie sind da und sie haben uns im Zusammenspiel aller ihrer Qualitäten genau hierher gebracht, zu diesem Punkt in unserem Leben, in genau diesem Moment – hier und jetzt. Und sie werden auch die weiteren Kapitel unseres Lebens beeinflussen und färben. In Summe sind sie die Entfaltung unseres weiteren Lebens. Diese sieben Essenzen bilden zusammen ein System. Wenn man eine Komponente eines Systems verändert, verändert man automatisch das gesamte System. Doch warum sollten wir eine unserer Essenzen verändern? Ginge das überhaupt? Und was brächte das? Sind wir nicht genau der Mensch, der wir sind, aufgrund dieses einmaligen Akkords unserer Essenzen?

Wir haben gelernt, dass man die Dinge ändern muss, um erfolgreich zu sein. Dass Veränderung Fortschritt bringt und Stillstand Rückschritt bedeutet. Aber stimmt das in jedem Fall? Sind wir sicher, dass diese Annahmen immer wahr sind?

Die Erkenntnisse, die wir mit dem Essenz-Modell über uns selbst erlangen, eröffnen uns eine neue Sichtweise auf das Leben insgesamt. Wir sehen, dass wir uns selbst, unser Set-up, nicht verändern müssen, um unser Leben anders zu erfahren, Erfüllung zu finden und glücklich zu sein. Alle unsere Essenzen sind okay – so, wie sie sind. Denn sie sind das, was uns befähigt, unser volles Potenzial zu entfalten. Die einzige Veränderung, wenn man so will, die erforderlich ist, ist ein Wandel in unserem Bewusstsein. Und dieser vollzieht sich durch unsere rückhaltlose Selbstergründung mit dem Essenz-Modell.

Je mehr Klarheit wir auf diese Weise gewinnen, desto weniger ist unsere Identität in den einzelnen Essenzen verhaftet. Umso freier werden wir, Leben so wahrzunehmen wie es wirklich ist.

Integration meint aber auch, alle Essenzen zu umarmen wie eigene Kinder, sie bedingungslos zu akzeptieren und liebevoll sein zu lassen in ihrem Spiel unserer Existenz. Je mehr dies passiert, desto harmonischer und freudvoller gestaltet sich das alltägliche Leben. Wir werden mehr und mehr zum Zeugen und Zuschauer und erleben uns immer weniger als Spielball unserer eigenen Muster und Tendenzen. Ja, sie sind noch da und haben ihren Platz. Doch wir sind nicht mehr so tief involviert in die emotionalen und mentalen Prozesse, da wir nun wissen, dass wir eine bewusste Wahl treffen können, ob wir uns mit ihnen identifizieren oder nicht. Mit diesem Wissen hält auch Nachsicht und Mitgefühl für andere Menschen Einzug in unsere Interkationen und Beziehungen. Wir werden offener und empfindsamer, können schneller spüren, wenn jemand gerade in seiner Urwunde ist, in seiner Überlebensmechanik oder Trigger-Reaktion.

Die Bewusstheit über unsere Essenzen ermöglicht uns auch, deren energetische Qualitäten konstruktiv zu nutzen. Jede Essenz ist eine Energiequelle und so können wir eine Essenz nutzen, um eine andere in ihrem Wirken zu stärken. Gleichzeitig müssen wir aber aufpassen, dass wir dabei aus der Motivation der Lebensaufgabe handeln und nicht aus der des Egos.

Mit der Überlebensstrategie die Einzigartigkeit befeuern

Wir können in der Tat die Kraft und Erkenntnis der Überlebensstrategie nutzen um unsere Einzigartigkeit zu „befeuern", das heißt, mit zusätzlicher Energie zu versorgen. Wie kann das gehen?

Unsere Überlebensstrategie ist ein Erfolgsprinzip, durch das wir eine spezielle Fähigkeit, entwickelt haben, um zu überleben. Auch wenn sie auf einer bloßen Annahme beruht, ist sie so tief in unserem menschlichen System verwurzelt, dass sie eine ganz reale Wirkkraft entfesseln kann. Nehmen wir mich als Beispiel. Meine Einzigartigkeit ist, Unbewusstes bewusst zu machen. Dazu braucht es neben Bewusstheit eine messerscharfe Fokussierung der Aufmerksamkeit und eine penible Genauigkeit in der Interaktion mit meinem Gegenüber. Da kommt es geradezu gelegen, dass meine Überlebensstrategie „Ich muss perfekt sein" ist. Der Antrieb, es perfekt zu machen, gibt meiner Einzigartigkeit einen zusätzlichen Impuls. Die sehr feine energetische Schwingung der Einzigartigkeit bekommt einen irdischen Gefährten.

Dieses „Tandem" ist als Werkzeug vor allem dann zweckmäßig, wenn wir unsere Lebensaufgabe gerade erst erkannt haben und noch nicht so ganz vertraut sind mit dieser neuen inneren Umgebung. Es kann sein, dass es eine Weile dauert, bis wir herausfinden, wie wir unsere Einzigartigkeit ganz praktisch einsetzen können. Manchmal müssen wir auch einfach verschiedene Dinge ausprobieren, um unseren Weg zu finden. Dabei kann uns die vertraute Energie unserer Überlebensstrategie unterstützen, denn sie bringt uns ins Handeln. Sie ist ein nützlicher Kanal unserer Wirkkraft in der Welt.

Die Komfortzone erweitern, um alle Essenzen zu leben

Der Erkenntnisweg mit dem Essenz-Modell ist ein möglicher Pfad, den Sinn des Lebens zu entbergen. Es gibt eine ganze Reihe von Modellen und Lehren, deren Ziel es ist, dass wir in unserem Mensch-Sein wahre Erfüllung finden. Ich betrachte das Essenz-Modell als Kondensat der verschiedensten Lehren und Modellen – als Quintessenz sozusagen.

Innerer Frieden, der ein Teil der Erfahrung von Erfüllung ist, ist meiner Meinung nach nur möglich, wenn wir alle Aspekte unseres Seins radikal annehmen. Ohne die geringste Ausnahme, ohne uns ein Hintertürchen offenzuhalten. Annehmen ist hierbei buchstäblich zu verstehen: wie ein Geschenk, wie unser eigenes Kind, unser eigenes Fleisch und Blut. Es ist an der Zeit, dass wir das Copyright für unser emotionales und mentales Erleben beanspruchen, weil wir diesen inneren Soundtrack kontinuierlich kreieren. Und ebenso ist es an der Zeit, dass wir aufhören, bestimmte Gedankenmuster und Gefühle in den Himmel zu heben, während wir andere verteufeln und zu Feinden erklären. Denn genau so sind und bleiben wir in permanentem Konflikt.

Mit dem Erkennen und Annehmen aller unserer Essenzen und Facetten jedoch, können wir aufstehen, uns selbst umarmen und sagen „Ja, so bin ich tatsächlich! Das bin ich in meiner Gesamtheit. Das bin ich als Mensch. Ich bin meine Urwunde genauso, wie ich meine Einzigartigkeit bin. Und von diesen bin ich keines mehr und keines weniger."

Bis zu einem bestimmten Stadium auf dem Weg mit dem Essenz-Modell bevorzugen wir das Dreieck der Erfüllung gegenüber dem Quadrat des Überlebens. Wir wollen weg aus dem dunklen Morast des Irdischen und in Leichtigkeit und Licht des Göttlichen schweben. Das ist absolut nachvollziehbar und in der Tat ist dieser Drang der Befreiung aus dem Würgegriff der Ego-Identität meistens der initiale Motivator, sich auf die Suche nach Sinn und Erfüllung zu begeben.

Durch die Reifung des Bewusstseins unserer Essenzen und unserer tieferen Wahrheit, erreichen wir einen Punkt, wo wir die duale Betrachtung unserer selbst loslassen müssen, wenn wir in unserer Selbsterfahrung und -erkenntnis weiterkommen wollen. Wir müssen also die Etiketten „gut" und „schlecht", die wir heimlich und unbewusst an unsere Essenzen geheftet haben, entfernen. Das Ergebnis dieses Reinigungsprozesses ist, dass wir alle sieben Essenzen als gleichberechtigt und gleichwertig sehen.

Wir sind fähig, unsere Urwunde genauso zu lieben, wie unseren Beitrag.

Man könnte daher sagen: wir stehen in einer neutralen Position zu uns selbst. Wir erhöhen uns nicht in manchen Anteilen und wir erniedrigen uns nicht in anderen Anteilen. Dieser Vorgang des Ausbalancierens bzw. Aufgebens der Bewertungen unserer Selbsterfahrung durch immer umfassenderes Annehmen aller unserer Essenzen, ist gleichbedeutend mit einer graduellen Erweiterung unserer Komfortzone.

Je weniger wir in Konflikt und Widerstand mit unseren Essenzen sind, um so unbedrohlicher präsentiert sich jedwede emotionale, mentale oder energetische Bewegung in uns. Und dies wiederum hat zur Folge, dass wir mehr und mehr alle Essenzen leben. In dieser Freiheit wirken alle unsere Quellen zusammen wie ein eingespieltes Orchester, das sich vor keiner Komposition scheut und einen Klang erzeugt, der die unnachahmliche Stimme unserer Seele ist.

Wenn auf tragende Weise die Einzigartigkeit mit der Kraft der Überlebensstrategie im Beitrag einen Unterschied in der Welt bewirkt, ist der Sinn des Lebens erfüllt! Das ist wahre Erfüllung. Dann sind wir eine Brücke zwischen der Quelle und der Welt, eine bewusste, lebendige, schöpferische Verbindung des Göttlichen mit dem Irdischen. Mit einem Bein hier, mit einem Bein dort – in der Welt, aber nicht von der Welt.

Der einzige Weg, eine Veränderung sinnvoll zu nutzen, ist,
voll in diese einzutauchen, sich mit ihr zu bewegen,
sich dem Tanz anzuschließen.

~ Alan Watts

KAPITEL DREIZEHN

DAS MANTRA DER LEBENSAUFGABE

13

Als Mantra wird in hinduistischen und buddhistischen Traditionen sowie im Yoga ein Wort, Vers oder Satz mit heiliger Bedeutung bezeichnet. Ein Mantra transportiert eine spirituelle Kraft und kann somit als Klangkörper des höheren Bewusstseins verstanden werden.

In der Meditation liegt der Nutzen eines Mantras in der Fokussierung des Geistes auf höhere Schwingungen, weg von unbewussten, repetitiven Gedankenmustern des Egos. Insofern dient ein Mantra auch als „Schutz" vor schädlichen Vorstellungen und Konzepten, da sich der Geist öffnend mit seiner Quelle verbindet.

Ich benutze den Begriff Mantra hier in seiner Bedeutung als Instrument zur Ausrichtung unserer geistigen Energie auf unsere Lebensaufgabe. Religiöse Hintergründe verbinde ich damit nicht.

Der Inhalt eines Mantras bestimmt, welche Schwingung in unserem Geist reflektiert wird. Es ist vergleichbar mit dem Justieren eines analogen Radio-Empfängers auf die Frequenz eines bestimmten Musiksenders. Stellt man die Frequenz exakt ein, verschwinden alle Störgeräusche und der Empfang ist glasklar – und damit die Wahrnehmung der Musik in unserem Geist. Und wenn wir in Resonanz sind mit der Musik, die wir hören, wenn es „unsere" Musik ist, dann fühlen wir die Energie und fangen vielleicht sogar an zu tanzen.

Ähnlich verhält es sich mit dem Mantra unserer Lebensaufgabe, das nichts anderes ist, als das wiederholte laute Sprechen der Worte, die wir als Formulierung gefunden haben. Wir haben gesehen, dass unsere Seele tanzt, wenn die Worte authentisch und wahr sind. Dann strahlen wir von innen mit der vibrierenden Kraft unseres Seins. Dabei ist es von großer Wichtigkeit, die Worte wirklich auszusprechen. Reines Denken genügt nicht, und zwar deshalb nicht, weil unsere gesamte Überlebensmechanik auf gedanklicher Ebene abläuft und diese Prozesse so subtil und eingespielt sind, dass wir sie oftmals nicht registrieren. Um aus diesem Morast aufzutauchen, brauchen wir etwas, das klarer und stärker ist. Wenn wir die Lebensaufgabe nur denken, ist das, als würden wir Schlamm in einen bereits vorhandenen Sumpf kippen.

Gedanken sind im Geist wie Schatten, die mitunter schneller vorbeihuschen, als wir sie wahrnehmen können. Gesprochene Worte sind zwar auch erst einmal Gedanken, kommen aber durch den Vorgang des Sprechens und gleichzeitigen Hörens als haptische sowie auditive Sinneswahrnehmung zurück in unseren Geist. Die so erzeugte Reflexion ist deutlich höher als die eines reinen Gedankens. Das gesprochene Wort hat somit in sich bereits eine besondere Kraft.

Mit jedem Sprechen der Lebensaufgabe wird der Eindruck im Bewusstsein tiefer und plastischer. Die Lebensaufgabe nimmt immer deutlicher Form in uns an und wird damit realer, greifbarer, spürbarer. Zu Anfang ist die Formulierung unserer Lebensaufgabe etwas Exotisches und viele Menschen haben Hemmungen, sie auszusprechen. Es ist ungewohnt und das alte Regime der Scham und Minderwertigkeit regiert noch weiter - als Schattenregierung im Unbewussten. Das Mantra dient dazu, uns den inneren Paradigmenwechsel immer wieder bewusst zu machen, uns an die Lebensaufgabe zu erinnern, uns mit ihr zu verbinden und sie zu unserem gewohnten Begleiter im Alltag zu erklären.

Das Mantra ist ein Chamäleon

Normalerweise ist ein Mantra eine ziemlich fixe Angelegenheit. Es variiert nicht in seinen Silben und Worten. Der Grund hierfür ist auch, damit es wie von selbst vor sich hinlaufen kann. Im traditionellen Gebrauch der Meditation werden Mantras permanent wiederholt und bilden so einen andauernden Strang, an dem sich der Geist tiefer in die Meditation hineinhangeln kann: Ähnlich einem Tau, an dem er sich hinablässt in einen tiefen Brunnen der Quelle entgegen.

Im Allgemeinen lege ich bei der Formulierung der Lebensaufgabe großen Wert darauf, dass wir uns auf einen Wortlaut festlegen, wenn er einmal gefunden wurde und stimmig erscheint. Sonst wandern unsere Gedanken nämlich immer wieder umher, auf der Suche nach einer klitzeklein besseren Formulierung. Und das wiederum lenkt unser Bewusstsein davon ab, sich tatsächlich auf die Lebensaufgabe einzulassen und zu fokussieren.

Für uns selbst ist es also förderlich, die exakten Worte unserer Seele in uns erklingen zu lassen, uns in ihnen regelrecht zu suhlen, als wären wir ein Stück Filet in einer delikaten Marinade.

Auf der anderen Seite bringt es aber nichts, wenn wir zu rigide mit uns selbst sind, wenn es um unsere Lebensaufgabe geht. Die Worte sind letztendlich Container - entscheidend ist der Inhalt. Und hier kommt der scheinbare Widerspruch, wenn ich empfehle, situationsabhängig den Wortlaut zu variieren. Wie passt das zusammen? Nun, wenn wir uns ausnahmslos auf die exakte Formulierung fixieren, wird sie schnell zu einer Doktrin und wir übersehen, dass sie ursprünglich als Spiegel unserer Seele gedacht war. Zudem finden wir uns ab und zu in Gegebenheiten wieder, in denen eine Anpassung der Formulierung hilfreich ist, um den Sinn zu transportieren. Dies ist vor allen Dingen dann der Fall, wenn wir uns in einer Gruppe von Menschen befinden, die unsere Bewusstheit nicht teilen und mit dem Thema Lebensaufgabe nicht in Kontakt sind. Dann ist es sinnvoll, unsere Aussage über uns so anzupassen, dass sie das Gegenüber nicht befremdet oder überfordert, sondern mit seiner Begriffswelt kompatibel ist. Ich nenne das einen spielerischen Umgang mit der Lebensaufgabe.

Ein weiterer Vorteil des Variierens ist, dass wir selbst eine viel umfassendere Vorstellung von unserer Lebensaufgabe erhalten. Ausschließlich auf den originalen Wortlaut zu bestehen ist vergleichbar mit einer zweidimensionalen Abbildung. Durch das Variieren der Beschreibung erzeugen wir zusätzliche Perspektiven auf unsere Lebensaufgabe, für andere, aber genauso für uns selbst. Dadurch wird sie zu einem Hologramm, das wir zunehmend von allen möglichen Seiten sehen und verstehen können. Es entsteht ein mehrdimensionales Gebilde in unserem Geist und so finden wir zu jeder Situation die am besten passendste Ansicht.

Im Folgenden findest du ein Beispiel einer Lebensaufgabe mit möglichen Varianten, die zu üblichen Situationen im Alltag passen.

BEISPIEL

Die Lebensaufgabe in Varianten ausdrücken

Lebensaufgabe

Ich bin ein göttlicher Funke, der Ideen manifestiert, mit Ruhe, Intuition und Liebe, damit die Welt entzündet ist, sich selbst zu erleben.

Varianten in verschiedenen Situationen

Ich habe Aha-Erlebnisse, die ich in Ideen umsetze.

Ich erlebe immer wieder intuitive Eingebungen, die genau auf die Idee passen, die ich gerade bearbeite.

Was könnte hier der Funke sein, der alles entzündet?

Irgendwie fehlt hier noch der zündende Funke.

Um diese Idee außergewöhnlich zu machen, braucht es noch eine besondere Inspiration!

Ich bin hier in diesem Team dabei, damit der Sinn des Projekts außergewöhnlich manifestiert wird.

Wie kann man hier sich selbst gegenüber ehrlich sein?

Welche Wahrheit könnte hier in Schönheit leuchten?

Was an dir selbst würde dich zum Strahlen bringen?

Es geht also bei den Varianten nicht darum, weitere tolle Formulierungen zu finden, sondern in ganz gewöhnlichen Alltagsumständen die eigene Lebensaufgabe in Konversationen und Interaktionen einzuflechten. Die Varianten sind sozusagen umgangssprachliche Ableitungen und Derivate, die, wenn sie aus der Bewusstheit der Lebensaufgabe gesprochen werden, deren Energie und Schwingung tragen. Sie sind informiert von der tieferen Wahrheit der Lebensaufgabe und dadurch ist es auch nicht notwendig, den gesamten Inhalt der Lebensaufgabe zu kommunizieren. Manchmal steht beim Variieren mehr die Einzigartigkeit, ein andermal der Beitrag im Vordergrund. Je nachdem, was die aktuelle Situation erfordert.

Entscheidend ist, dass du die Gesamtheit deiner Lebensaufgabe im Hintergrund deiner Worte fühlst, dass ihre Wahrhaftigkeit in deinem Innersten vibriert und lebt. Dann ist es fast sekundär, wie du es sagst, denn das, was ankommt und berührt, ist deine göttliche Energie in diesem Moment. Je öfter wir diese Erfahrung machen, desto mehr beginnen wir, der Quelle in uns zu vertrauen. Und dann spricht sich deine Lebensaufgabe irgendwann von ganz allein in genau der Form, die in diesem Augenblick adäquat ist. Und deine Handlungen ergeben sich entsprechend.

Zum Abschluss dieses Kapitels möchte ich dir noch eine kleine Meditation mit auf den Weg geben, die sich sehr gut als Morgenroutine eignet, das heißt direkt nach dem Aufwachen, bevor das Betriebssystem deines Tagesbewusstseins hochgefahren ist und du dich einklinkst in den weltlichen Gedankenstrom.

MEDITATION

Deine Morgenroutine mit der Lebensaufgabe

Du bist gerade aufgewacht. Und vielleicht hängst du noch einem Traum nach, den du bis eben geträumt hast und der jetzt immer mehr verblasst, je mehr du die Augen öffnest und in der Realität dieses Tages ankommst.

Setze dich langsam auf, behutsam und ganz bewusst. Nimm Platz auf der Bettkante, deine Füße berühren den Boden, dein Rücken ist aufrecht und trotzdem entspannt.

Schließe für einen Moment deine Augen, nimm deinen Atem wahr, wie er dich belebt, in deinen Körper hineinströmt und hindurch bis zur Körpermitte. Spüre deinen Atem in deinem Bauch, das Pulsieren, das Strömen, wie mühelos es ist. Und jetzt wird dir der ganze Luxus dieses Augenblicks bewusst: dass du einfach dabei sein kannst, während das Leben dich belebt. Und vielleicht genießt du es jetzt bereits ein bisschen, diese Wogen in dir zu spüren und bewusst wahrzunehmen. Du fühlst dich verbunden – wo hörst du auf und wo fängt das Leben an?

Erlaube dieser Frage, deine Aufmerksamkeit an die Hand zu nehmen und erinnere dich nun an deine Lebensaufgabe. Fühle sie erst und dann sprich die Worte laut aus. Spüre dabei den Worten hinterher und lasse sie in dir nachklingen.

(Falls noch jemand neben dir schlafen sollte, stelle dir ein Stück Papier vor, auf dem deine Lebensaufgabe geschrieben steht. Lies sie dir in Gedanken laut vor und folge der Anleitung von oben)

Stell dir vor, wie du heute durch deine Lebensaufgabe ein Beitrag für die Welt bist und dadurch Sinn und Erfüllung erfährst. Fühle, wie es sich anfühlt, wie deine Seele lächelt und dein Gesicht vor Freude strahlt. Wie das Leben dich umarmt. Bleibe einen Moment in dieser Stimmung und atme ihre Energie ganz bewusst ein.

Beende die Meditation, indem du dem Leben (oder dem Universum, Gott oder der ewigen Quelle) dankst. Fühle die Dankbarkeit in dir, dass du hier bist. Hier und Jetzt.

Öffne dann die Augen und beginne bewusst deinen Tag.

NACHWORT

Das Wissen um unseren Sinn im Leben ist das Tor zu einer transformierten, friedlichen Welt

Zu Beginn dieses Buches habe ich angemerkt, dass mir daran gelegen ist, kein weiteres Theoriegebäude über Sinn und Erfüllung im Leben zu errichten, sondern mit dem Essenz-Modell Sinnsuchenden ein praktisches, exaktes Werkzeug an die Hand zu geben, das wie eine Schatzkarte für die Ergründung des eigenen Daseins funktioniert und uns zurück zur Quelle führt, auch wenn wir dazu gegen den Strom unserer Prägungen und Konditionierungen schwimmen müssen. Zumindest am Anfang und zumindest gefühlt.

Es war mir wichtig, den Leser nicht nur auf Verstandesebene zu erreichen, sondern vor allem auf den tieferen Ebenen von Gefühl, Intuition bis hin zur Seele. Denn unsere Erkenntnisse bleiben intellektuelle Konzepte im Kopf, wenn sie nicht durchsickern bis in unser Herz. Erst dort entfalten sie lebendige, transformierende Kraft. Aus diesem Anspruch heraus sind die Kapitel zu mehrdimensionalen Gefäßen geworden, die sowohl Sachtexte, Geschichten, Meditationen sowie Erlebnisberichte von Menschen enthalten, deren Leben sich durch die Anwendung des Essenz-Modells in besonderem Maße gewandelt hat. Ich hoffe, dass dieses Prinzip beim Lesen und Anwenden der einzelnen Kapitel eine entsprechend förderliche und durchdringende Wirkung hat.

Seit im Jahr 2014 das Essenz-Modell als Eingebung zu mir kam, lebe ich tagtäglich mit den Erkenntnissen, die es mir – und dann im Laufe der Jahre vielen anderen – gebracht hat.

Es war nicht immer einfach, denn neben den magischen Momenten und prickelnden Offenbarungen meiner Lebensaufgabe, gab es genauso die schmerzhaften Täler meiner Urwunde und die Schattenseiten meiner Überlebensstrategie, denen ich mich stellen musste und wollte und immer besser konnte, je mehr ich alle Aspekte meines Daseins zu umarmen und anzunehmen begann. Heute weiß ich, dass alles gut ist, wie es ist. Die Weisheit besteht darin, immer wieder zu erkennen, dass ich nichts ändern muss, um glücklich zu sein - weder mich, noch andere. Befinde ich mich in liebevollem Einklang mit den Essenzen meines Seins, bin ich in Einklang mit allem Leben, mit der ganzen Welt und daher glücklich und erfüllt. Meiner bisherigen Erfahrung nach erfordert es eine gewisse kontinuierliche Achtsamkeit, diese innere Balance zu erhalten. Das mag jetzt anstrengend klingen, doch ich kann versichern, dass es - ganz im Gegenteil - pure Freude ist, denn dieses Einfühlen in das eigene Sein ist ein Akt der Liebe.

Das Essenz-Modell ist kein Anker, der uns vor dem Leben rettet, auch wenn unserem Ego diese Idee gefallen mag. Dafür ist es imstande, eine Wahrheit in uns zu beleuchten, die uns zeigt, dass es die Natur des Lebens ist, auf unzählige Arten zu fließen. Auf Wegen, die wir nicht vorhersehen können. Und wo blieben die Neugier, die Erregung, die Überraschung und das Staunen, wenn wir es könnten?

Vor nicht allzu langer Zeit ist die mehrjährige Beziehung mit meiner Lebenspartnerin zu Ende gegangen. Wir hatten finale Auseinandersetzungen, die klar vor Augen geführt haben, dass sich unsere Wege trennen werden. Ich war sehr traurig darüber, habe mich verletzt und als Verlierer gefühlt. Das hat mir stark zugesetzt und meine Urwunde getriggert, nicht gut genug zu sein: Nicht gut genug als Mann und Partner, nicht gut genug als Coach und Begründer des Essenz-Modells, der behauptet zu wissen, wie eine transformierte, glückliche Beziehung funktioniert.

Und mit einem Mal wurde mir klar: „Ja, das war eine wichtige Station in diesem Leben. So, wie es schon viele Stationen zuvor gab. Und jede Station war gut und wichtig, solange sie dauerte. Ohne all diese Etappen wäre ich nicht an diesem Punkt in meinem Leben. Und das gilt für uns beide. Für jeden!"

Ich habe gelernt, dass die letztendliche Erfüllung darin liegt, sich dem Fluss anzuvertrauen – ihn nicht aufzuhalten und nicht umlenken zu wollen. Der Verstand kann erst in der Rückschau Sinn erkennen. Doch Sinn ist in jedem Moment immer schon da, in jeder Begegnung, in jedem Austausch. Unsere Lebensaufgaben wirken und entfalten sich permanent auf mehrdimensionale Weise. Wir helfen einander zu wachsen, zu erkennen, zu überwinden. Wir sehen es nur nicht, weil wir es gewohnt sind, mit dem Geschehen und Erleben identifiziert zu sein. Mein Leben mit dem Essenz-Modell hat mir gezeigt, dass ich in jedem noch so kurzen bewussten Augenblick aus meiner konditionierten Rolle aussteigen kann, um mein Erleben und meine Situation aus der Vogelperspektive zu betrachten.

Dann fließen alle Eindrücke, Gedanken und Gefühle ungehindert durch mich hindurch. Ich werde transparent im Lebensfluss. Und meine Seele kennt die tiefere Wahrheit des Moments: in der Quelle sind wir alle eins.

Ich danke dir von Herzen, dass du das Essenz-Modell und seine Möglichkeiten für ein bewusstes und erfülltes Leben erkundest. Ich wünsche dir auf deiner Reise Empathie, Leichtigkeit und Mut!

Jürgen Dluzniewski
im Januar 2020

Das Essenz-Modell®

ANHANG

Auf den folgenden Seiten findest du Kompositionen von vierundzwanzig ausgewählten individuellen Ergebnissen meiner Coachings mit dem Essenz-Modell. Pro Doppelseite werden die Essenzen von jeweils vier Menschen dargestellt, als Gegenüberstellung von Lebensaufgabe und Überlebensmechanik. Dies erlaubt uns, eine weitere Perspektive zu entedecken und erstaunliche Zusammenhänge zwischen den Essenzen des Quadrats des Überlebens und jenen des Dreiecks der Erfüllung zu erkennen.

Auf diese Weise wird ebenfalls gut veranschaulicht, wie ähnlich in der Art, doch wie unterschiedlich im Individuellen die Essenzen der Menschen sind.

Einzigartig in der Kombination für den Einzelnen, unendlich in der Vielfalt für die Menschheit.

LEBENSAUFGABE

1 Ich bin die, die mit schräg-wilder Erdfeuerenergie, schöpferischem Zuhören und unbedingter Wahrhaftigkeit Grenzen und Begrenztheit weitet, damit sich alle Wesenheiten zeigen wie sie sind und die bestehenden Verbindungen (wieder) spürbar werden.

2 Ich bin der, der Unvollendetes vervollständigt, mit inspirierender Kraft, richtungsweisender Effektivität und Pioniergeist, damit Unternehmer ihre Lebensträume verwirklichen, die sie freier, unabhängiger und zufriedener machen.

3 Ich bin die, die sieht, was wirklich dahinter ist, mit Loyalität, Ehrlichkeit und Zuverlässigkeit, damit Menschen auf die Position gelangen, auf der sie sich voll entfalten können.

4 Ich bin der, der komplexe und schwierige Situationen transparent macht und auflöst, mit Empathie, Klarheit und Perspektive, damit Menschen ein erfülltes und zufriedenes Leben führen können.

ÜBERLEBENSMECHANIK

1

- Ich halte mich für unwichtig
- Ich muss mich selbst vergessen
- Ich brauche ein Gegenüber, das mir hilft, mich selbst zu erkennen
- Ich wehre mich, indem ich mich 1. verschließe und wütend werde, 2. in die Verachtung gehe und 3. resigniere.

2

- Ich halte mich für jemand, der es nicht richtig macht
- Ich muss mich anpassen
- Ich brauche es, gefragt zu werden
- Ich wehre mich, indem ich beleidigt bin

3

- Ich halte mich für nicht erwünscht
- Ich muss unnahbar sein
- Ich brauche ein Lob, das Gefühl für jemanden oder die Position wichtig zu sein. Macht und EInfluß
- Ich wehre mich, indem ich arrogant werde und dem anderen das Gefühl gebe, falsch zu sein.

4

- Ich halte mich für klein und hilflos
- Ich muss groß und stark sein
- Ich brauche es, gewürdigt zu werden
- Ich wehre mich, indem ich 1. erstarre, 2. reingehe und drauf haue und 3. dadurch wieder groß und stark bin

LEBENSAUFGABE

5 Ich bin der, der geniale Lösungen findet, mit Kreativität, Ethik und Nachhaltigkeit, damit Menschen erkennen, was Lebensqualität ausmacht.

6 Ich bin der, der um die Ecke denkt, mit Glaubwürdigkeit, Mut und Bescheidenheit, damit Lebensfreude möglich ist!

7 Ich bin der, der Menschen mit Herz und Hand erfühlt, mit Wertschätzung, Mitgefühl und Authentizität, damit die Menschheit tiefen Frieden findet und somit Heilung möglich wird.

8 Ich bin die, die alles für möglich hält und immer eine Lösung findet, mit Leichtigkeit, Freude und Wärme, damit Menschen ihr wahres Potential entfalten.

ÜBERLEBENSMECHANIK

- Ich halte mich für jemand, der anderen egal ist
- Ich muss alleine damit klarkommen
- Ich brauche, es wahrgenommen zu werden
- Ich wehre mich, indem ich resigniere

5

- Ich halte mich für hilflos!
- Ich muss der treue Soldat sein
- Ich brauche gesprochene Anerkennung: "Haste gut gemacht!"
- Ich wehre mich, indem ich drohe

6

- Ich halte mich für falsch
- Ich muss mich anpassen
- Ich brauche Wertschätzung meiner Person
- Ich wehre mich, indem ich 1. mich erhöhe, 2. dann zurückziehe, 3. mich anpasse

7

- Ich halte mich für nicht wichtig
- Ich muss mich nach den Anderen richten
- Ich brauche Wertschätzung
- Ich wehre mich, indem ich 1. kämpfe, 2. mich zurückziehe, 3. mich wieder nach den Anderen richte!

8

LEBENSAUFGABE

9 — Ich bin der, der eine neue Sichtweise in starre Systeme reinbringt, mit Ehrlichkeit, Sensibilität und Leidenschaft, damit ein sinnvoller und wirtschaftlicher Erfolg gemeinschaftlich entstehen kann.

10 — Ich bin die,die das wahre Wesen erkennt, mit Empathie, Wertschätzung und Struktur, damit Menschen ihre tiefe Bestimmung in die Welt tragen können.

11 — Ich bin die, die Grenzen sprengt mit unbändiger Energie, Mut und Humor, damit Menschen in ihre Kraft kommen und individuelle Freiheit erleben.

12 — Ich bin ein Priesterarzt, mit Toleranz, Liebe und Hoffnung, damit Vergebung möglich wird.

ÜBERLEBENSMECHANIK

- Ich halte mich für schlecht
- Ich muss mich anpassen
- Ich brauche ein Gefühl von Vertrauen und Geborgenheit
- Ich wehre mich, indem ich rechtfertige

9

- Ich halte mich für nicht gut genug
- Ich muss mich mehr anstrengen
- Ich brauche eine gesprochene Erlaubnis, anders zu sein
- Ich wehre mich, indem ich 1. erstarre, 2. resigniere, 3. mich wieder mehr anstrenge

10

- Ich halte mich für nicht ausreichend
- Ich muss immer mehr machen
- Ich brauche starke Anerkennung
- Ich wehre mich, indem ich mich verteidige, kämpfe und harte Grenzen setze

11

- Ich halte mich für schlimm
- Ich muss es alleine machen
- Ich brauche das Gefühl, o.k. zu sein
- Ich wehre mich, indem ich 1. gelähmt bin, 2. angreife, 3. es wieder alleine mache

12

LEBENSAUFGABE

13 Ich bin eine Seelenflüsterin, die Herzen öffnet, mit Empathie, Vertrauen und Kreativität, damit Menschen ihr inneres Licht finden.

14 Ich bin der, der für das Wesentliche kämpft, mit Klarheit, Integrität und Großzügigkeit, damit Verbindung entsteht und ein Miteinander wächst.

15 Ich bin der magische Moment, mit Ehrlichkeit, Inspiration und Nahbarkeit, damit Menschen sich selbst neu entdecken können.

16 Ich bin göttliche Schwingung, mit offenem Herzen, bedingungsloser Akzeptanz und sinnlicher Leichtigkeit, damit sich Menschen an das Alleins-Sein erinnern und Erlösung möglich wird.

ÜBERLEBENSMECHANIK

- Ich halte mich für nicht gewollt
- Ich muss mich für andere opfern
- Ich brauche bedingungslose Nähe
- Ich wehre mich, indem ich 1. erstarre, 2. fliehe

13

- Ich halte mich jemand, der es nicht wert ist
- Ich muss mich mich anpassen
- Ich brauche es, gesehen zu werden
- Ich wehre mich, indem ich vernichtende Verachtung ausdrücke

14

- Ich halte mich für zu klein
- Ich muss immer der Erwachsene sein
- Ich brauche eine ehrliche Gegendarstellung des „Kleinseins“
- Ich wehre mich, indem ich arrogant werde

15

- Ich halte mich für nicht wert
- Ich muss mich besser sein
- Ich brauche es, mitmachen zu dürfen
- Ich wehre mich, indem ich 1.ohnmächtig werde, 2. Traurigkeit zeige, 3. mich zurückziehe und beschwichtige

16

LEBENSAUFGABE

17 Ich bin die, die zeigt worauf es ankommt, mit Klarheit, Leidenschaft und Effizienz, damit andere in ihre Balance finden.

18 Ich bin der, der einen Durchbruch in Menschlichkeit erzeugt, mit Empathie und unbändiger Energie, damit die Basis für langfristigen und nachhaltigen Erfolg geschaffen wird.

19 Ich bin die, die das Wesen spürt, mit großem Herzen, Verbindlichkeit und Hingabe, damit Menschen zu sich selbst kommen können!

20 Ich bin der, der zum richtigen Zeitpunkt die richtigen Worte findet, mit Achtsamkeit, Liebe und Humor, damit Menschen ihre Göttlichkeit finden.

ÜBERLEBENSMECHANIK

- Ich halte mich für nicht gut genug
- Ich muss es perfekt machen
- Ich brauche Bestätigung, um glücklich und zufrieden zu sein
- Ich wehre mich, indem ich auf meiner Meinung beharre

17

- Ich halte mich für hilflos/nicht stark genug
- Ich muss anderen Menschen Gutes tun
- Ich brauche Wertschätzung
- Ich wehre mich, indem ich den Konflikt vermeide und mich zurückziehe

18

- Ich halte mich für wertlos
- Ich muss besser sein
- Ich brauche, dass ich gefalle, indem man mich umarmt und sagt: „Das hast Du gut gemacht!“
- Ich wehre mich, indem ich mich meinem Gegenüber entziehe und noch mehr leiste

19

- Ich halte mich für falsch
- Ich muss alles geben
- Ich brauche gesprochene Anerkennung
- Ich wehre mich durch Rückzug, Opfer spielen, beleidigt sein

20

LEBENSAUFGABE

21 Ich bin der, der die Wahrheit findet, mit Disziplin, Loyalität und unbequemer Vernunft, damit die Menschheit die nächste Entwicklungsstufe erreichen kann.

22 Ich bin die, die das Warum des Lebens erkennbar macht, mit Klarheit, Weisheit und Begeisterung, damit Menschen der eigene Lebensplan bewusst wird, und sie sich in ihrer wahren Größe zeigen.

23 Ich bin die Stimme, die Liebe zaubert und Räume öffnet, mit Herzkraft, Improvisationstalent und Mitgefühl, damit alles stimmt.

24 Ich bin der, der Sprachlosigkeit überwindet, in dem ich Vorgängen und Erlebtem, mit Empathie Worte und Bilder gebe, damit Entwicklungen sichtbar werden.

ÜBERLEBENSMECHANIK

- Ich halte mich für nicht kompetent
- Ich muss den Ansprüchen der Anderen genügen
- Ich brauche eine verbale Anerkennung 21
- Ich wehre mich, indem ich andere mit Missachtung strafe

- Ich halte mich für jemand, der's nicht recht macht
- Ich muss die Erwartungen erfüllen
- Ich brauche eine Bestätigung 22
- Ich wehre mich, indem ich 1. angreife, 2. mich zurückziehe, 3. wieder die Erwartungen erfülle

- Ich halte mich für nicht gewollt
- Ich muss verstehen
- Ich brauche Verbundenheit und Verständnis 23
- Ich wehre mich, indem ich 1. einlenke, 2. mich zurückziehe, 3. vorwerfe

- Ich halte mich für zu nichts zu gebrauchen
- Ich muss alles schaffen
- Ich brauche Lob, Annerkennung, Wertschätzung 24
- Ich wehre mich, indem ich mehr leiste, übererfülle

Bleib dran & mach mit!

Um dich auf deiner Reise mit dem Essenz-Modell bestmöglich zu unterstützen, versorgen wir dich über unsere Website und Social Media Kanäle fortlaufend mit tieferen Erkenntnissen, Reflektionen, Workshop-Terminen, Videos und ungeschminkten Geschichten aus dem Alltag.

 essenz-modell.de  Essenz-Modell

Essenz-Modell 

Essenz-Modell  essenz_modell